U0625592

高校社科文库
University Social Science Series

教育部高等学校
社会科学发展研究中心

汇集高校哲学社会科学优秀原创学术成果
搭建高校哲学社会科学学术著作出版平台
探索高校哲学社会科学专著出版的新模式
扩大高校哲学社会科学学科研究成果的影响力

基于行为生态学的
企业战略演化研究

何　强／著

Study on the Evolution of Corporate
Strategy Based on Behavioral Ecology

光明日报出版社

图书在版编目（CIP）数据

基于行为生态学的企业战略演化研究 / 何强著. --

北京：光明日报出版社，2013.2（2024.6 重印）

（高校社科文库）

ISBN 978 - 7 - 5112 - 4005 - 7

Ⅰ.①基… Ⅱ.①何… Ⅲ.①企业战略—战略管理—

研究 Ⅳ.①F272

中国版本图书馆 CIP 数据核字（2013）第 020244 号

基于行为生态学的企业战略演化研究
JIYU XINGWEI SHENGTAIXUE DE QIYE ZHANLÜE YANHUA YANJIU

著　　者：何　强

责任编辑：宋　悦　　　　　　责任校对：褚雅越
封面设计：小宝工作室　　　　责任印制：曹　净

出版发行：光明日报出版社
地　　址：北京市西城区永安路 106 号，100050
电　　话：010-63169890（咨询），010-63131930（邮购）
传　　真：010-63131930
网　　址：http://book.gmw.cn
E - mail：gmrbcbs@ gmw.cn
法律顾问：北京市兰台律师事务所龚柳方律师

印　　刷：三河市华东印刷有限公司
装　　订：三河市华东印刷有限公司
本书如有破损、缺页、装订错误，请与本社联系调换，电话：010-63131930

开　　本：165mm×230mm
字　　数：206 千字　　　　　　印　　张：11.5
版　　次：2013 年 2 月第 1 版　　印　　次：2024 年 6 月第 2 次印刷
书　　号：ISBN 978 - 7 - 5112 - 4005 - 7 - 01
定　　价：65.00 元

版权所有　　翻印必究

CONTENTS 目 录

表目录

图目录

第一章

绪 论

1.1 问题的提出

企业竞争的战略行为从微观层面来看充满偶然性和随机性。无论是橡果国际公司好记星产品的推出，还是 3M 公司胶带系列产品的问世，其公司最初的战略行为选择偶然得让管理学者们的研究无从着手。企业的战略行为和命运如同草原丛林中个体生物的明天一般充满着不确定性。苹果公司也如出一辙，当乔布斯回顾人生经历，并总结影响他的人生节点时，他反复提及当年在书法课上学习的版面要素和书法。正是这些让 Macintosh 系统成为能做出美丽版面的电脑，进而影响着后来 ipod、iphone、ipad 的推出与成功。这些影响以后进程的重大节点事后梳理时如此清晰，但在当年看来却如羚羊挂角——无迹可寻。以至于人们对它的态度非常矛盾——一方面肯定其价值，一方面苦于其演化规律的难以驾驭。无奈之下我们只有效法乔布斯的态度与方式——"人无法预先串连人生的点滴，只能在回顾时将它们串连起来。因此，你必须相信这些点滴，总会以某种方式在未来串连。你必须相信某些事情——你们的勇气、命运、生命……因为，相信这些点滴终于在未来串连起来，会让你有自信去依循你的内心，即使它引领着你离开一般人已走烂了的陈腐道路，你都不会失去自信。"[①]乔布斯说的是人生，而公司的战略形成与发展又何尝不是如此。

"九层之台，起于垒土。"从多年企业经营实践的体会来看，大多成功的战略行为创新，不是管理层在办公室的闭门造车，而多是由员工在一线经营实

---

① 刘娟娟. 媒体盘点乔布斯的忠告：犯错误不等于错误.《环球》杂志第 20 期, 2011 年 10 月 16 日。

践中创造摸索出来的。同时，这些后来被称之为"战略重大变革"的行为，在其诞生之初基本上升不到战略层面的高度。造成该现象的原因，一是因为该类创新本身的偶然性与随机性；二是由于这种行为如果得不到企业管理层"顶层设计"者的关注、总结、提炼与推广的话，其价值也无法得以彰显。现实商业实践告诉我们，再聪明的人也不要试图扮演商业模式设计中"上帝"的角色。商业经营中诸多战略发展成就的取得，不是由聪明的"上帝"设计出来的，反而多是"顶层设计者"与来自基层的"具有战略意义的战术创新"互动而取得的。因为有感于此类战略变革与创新行为的特点与意义所在，娃哈哈公司总裁宗庆后每年长时间奔走于企业一线，并且建议其它公司，至少是总监一级管理层员工要经常体验在基层。只有打通"顶层"与"基层"的关系，才能在国际战略咨询公司 Mckinsey 断言中国市场上不可能再有新可乐生存空间时，娃哈哈却硬是在三级市场上成功推出非常可乐。学者对美国著名的 Inc. 杂志某年评出的 500 家成长速度最快成立时间不长的私人企业（一般不超过 10 年）进行的一项研究表明，有 41% 的创业者根本没有商业计划，26% 有一个粗略的计划，只有 28% 有正式的商业计划。同样针对 Inc. 500 创业者的分析发现，只有 40% 说曾经撰写了商业计划，这其中又有 65% 承认后来的行为在发展过程中不断修正，已经远远偏离了最初的计划。2009 年，美国战略管理杂志一项对 1063 个风险投资案子的研究显示，商业计划充其量在融资中扮演了微弱的象征性角色。不被花哨的商业计划影响投资决策过程，反倒是成功风险投资家的重要技能之一。

作为战略高层人士，也只有了解上述战略演化的特性与基本规律，关注战略创新与变革行为的模式与特点，才能让战略的创新行为在整体经营中放大其价值。同时，公司也只有提供适宜战略变革的管理理念与模式，才能在找到战略创新原点的同时，保证其战略演化过程的完成与成功。

在解释和指导现实经营实践中大量鲜活生动的战略创新与竞争时，传统战略管理理论遇到了巨大的质疑与挑战。基于同样的困惑与求索，该书将研究企业战略发展的目光转向了引领丰富多彩生物世界发展的生态学。

企业竞争时战略行为选择、企业个体在竞争时的偶然以及在产业等宏观层面竞争结果演化的必然……平时自诩为高级动物的人类，在深思熟虑和各种模型指导下所做的各种战略选择，以及由此产生的影响与结果，与生态圈中动物世界的演化是如此地相似，以至于我们开始怀疑人类的智商在一线战略实践中的存在价值。基于此，我们开始寻找企业竞争背后的"上帝之手"，探寻企业战略的发展规律和演绎规则。当年达尔文透过众多光怪陆离的生物现象梳理出生物进化论，今天我们借助生态学知识体系研读企业战略的演化过程与规律，这便是选题的背景与初衷所在。

1.2　研究目的和意义

无论是以前作为一个企业经营的实践者，还是现在作为一个企业经营战略的研究人员，对目前科技与环境变化之快和演变之剧都有着深刻的体验与认识。而随着对相关理论体系的接触与了解，也深为企业从业人员能从学科知识体系中得到的指导与汲养之少而无奈。在企业一线的实践中，身边的管理经理们很少有读管理学术研究刊物的，一个个充满着符号的推导公式更是令企业管理人员迷茫与困惑。朱镕基坦言看不明白清华经管学院博士们的毕业论文让他很头疼；GE 的传奇 CEO 杰克·韦尔奇更是在被记者问及读什么管理书籍时也表示在目前的大部分管理书籍中，能给企业经营实践有所指导和收益的并不多。所以，在企业的经营管理人员中，多数人将阅读的目光转向了中文专业出身的记者们撰写的行业通讯与专访上，而大部分的管理专著都因其可读性不强，而被束之高阁，或者在一个很小的非管理人士的圈子里自产自销。

就在管理人士们与传统的管理理论渐行渐远的时候，一部分新兴理论因其对实践较强的指导性和可操作性，而吸引了部分管理经理的目光，并得到相当认可，比如超强竞争和动态竞争理论，以及在此基础上衍生的柔性战略理论。这些理论体系之所以得到企业经营者的欣赏，并不在于它们给出了一个完美的数学模型，或者一套现实的商务模式和方案，而是给出了一系列在激烈变化和竞争环境中行之有效的原则与方法。这与生态圈中生物的生存竞争法则相类似——一系列不多的生态原则构成了形形色色生物圈中多姿多彩的生物界。生态圈中的生物在系列的演化过程中，演绎出了一幕幕精彩的画卷，社会竞争下的企业战略也是精彩纷呈。他们是否也遵循着类似的生存法则和演化路径？

以上这些困境和问题就是该书的研究目标和探讨的价值所在。

1.2.1　理论价值

企业战略管理理论研究企业与环境的动态适应过程，所以其理论本身便具有极强的动态性。该领域中任何一个理念或体系的成熟与应用过程，既是理论的发展过程，也是理论的应用价值边际递减的过程。面对一项能产生竞争优势的战略行为，竞争参与者都普遍采用以后的结果便是大家再次归零，任何一方也不会再有因此而产生的相对竞争优势，于是又一轮的创新也在孕育之中。所以这个学科的本身属性便要求不断有创新元素补充到战略管理理论的体系与内容中来，这也正是该文在理论探索上的目标与意义所在。

第一，充实企业战略演化理论，进一步丰富企业战略管理理论体系。在经典战略设计学派逐渐淡出战略管理实践中后，一大批新的战略管理理论引起从业者的兴趣与关注。这些理论在知识体系方面尽管尚不完善，但是因其对实践的强大指导价值而颇具生命力。该文基于行为生态学理论进行的关于企业战略演化的研究也是本着这样的初衷与目标。

第二，将生态理念以更具体的形式和方法融入企业战略管理理论。目前，"生态"一词已经是一个频繁出现在企业管理文献中的词汇，但是如何将这一理念与意识落实在企业战略管理的执行层面，尚缺乏有指导意义的工具与方法。该文结合企业战略演化的不同阶段，借鉴行为生态学已有理论，提出相应地管理模型与方向。

第三，就企业战略管理理论中的若干争议和管理模式，提出基于行为生态学上的解释。企业战略管理中若干理念一直存在着不同的声音和争议，如蓝海和红海战略中关于对竞争的认识，对创新行为应该辅以的管理理念与模式等，该文结合协同竞争和协同演化理论，以及生物的不同生殖行为模式，提出了行为生态学视角下的解释与说明。

1.2.2　应用价值

在进行科学研究的过程中，纯粹为了科学而科学，的确也是一种开展研究的模式。但对于企业战略管理理论的研究对象的目标，理论与实践之间距离过大，总是一个需要关注与解决的问题，这也是该文在应用价值方面进行尝试的动机所在。

第一，为企业战略的发展与优化提供更多的借鉴与启迪。模型的形成与提炼是理论工作者的使命所在，同时，企业战略管理理论的归纳总结更要关注到对实践的指导价值和可操作性。所以，除却必要的数据模型和工具外，逻辑明确的原则总结同样意义深远。

第二，在分析企业具体战略行为演化过程的同时，对企业在实践中行之有效的战略管理模式进行分析与总结，以便于更具效率地推广和优化。许多企业的创业发展过程，其战略的产生与发展并不符合传统的战略管理体系，但这正是理论研究人员更应关注的焦点。无论是腾讯与华为以往的战略节点与行为，还是当前腾讯的开放平台计划和华为所倡导的"灰度管理"，都可以在该书的企业战略演化中找到相对应的内容和论述。尽管语言范式有所不同，但二者的战略管理理念相通。

第三，为产业主管部门的行业经济管理扩展思路。明确了战略演化过程的生态性与特点，产业主管人士就应该更少地介入到产业细节的具体管理行为之中，同时，在制定政策时，也要更具备灰度管理的尺度与分寸意识。

1.3　研究思路与方法

1859 年，达尔文的《物种起源》问世以后，许多学者将该理论用于思考和分析社会与人文的发展。近些年来，更有学者将自然生态学的原理如"物竞天择，适者生存"等生态原则用于企业的发展研究上。尽管部分学者认为，企业的主动适应性和创新性与自然生态有着显著的不同，企业可以有更强的规划设计能力和发展路径上更大的自主性。但是，在一些基本生态学规律上二者有着很大的共通性，如相互依存和相互制约、相互适应与补偿、协同进化、动态平衡以及环境资源的有效极限等。这就为企业生态学和发展提供了理论支持工具。

其实，生态学和战略管理理论的研究对象有着极大的共通性。因为无论是生态学还是战略管理理论，二者研究的对象都是"研究系统中的个体与所处环境动态平衡的过程"。这一点从生态学和企业战略二者的定义中便可得到明证：生态学是"研究生物与其环境相互关系的科学"。而企业战略是"谋求竞争性环境中企业与环境的动态适应，即企业为求得长期的发展而进行的整体性谋划。战略管理的过程就是由一系列与环境博弈的动态平衡与平衡状态所组成"。同时，近代的管理大师德鲁克也曾说过，他自己的角色更像一个"社会生态学家"。如此看来，生态学和管理学的结合与交叉真是一个非常有价值的探索方向。

作为生态学中重点研究生物行为竞争领域的行为生态学是一门在近年才发展起来的极富生命力的新兴学科。其学科的研究特点便是将生态学与行为学、进化论、遗传学紧密结合起来，特别是引入经济学理论和思想。基于交叉学科的特点与优势，在很短的时间里便形成了行为生态学的学科体系，并提出了许多新的概念，如进化稳定对策、最适模型、经济可保卫性、利他主义、行为权衡和决策以及基因的自私性等，这些方法和研究方式不但开拓着生态学的研究领域，也给管理领域的研究带来了来自生态学方向的借鉴和启迪。

●研究的基本思路由以下三个部分组成：

第一部分，选题的背景说明以及该选题的价值和意义，以及在选定研究方向上的资料收集与分析。基于目前战略管理理论对实践指导的局限性指出了选题的意义与价值，并在梳理企业战略管理、企业演化、生态学、行为生态学等相关文献基础上指出了该研究已有的工作基础和目前进一步工作的方向所在。通过文献的梳理，指出生态学特别是行为生态学与企业战略管理理论研究内容与研究属性上的共通性，借以说明以行为生态学视角研究企业战略演化的可行性与科学性。

第二部分，在行为生态学理论指导下构建企业战略演化的基本理论体系。借助行为生态学最新的研究进展与理论模型，构建了企业战略演化的基本路径，即创新与变革——竞争与协同——市场选择——学习与传衍。第一，根据行为生态学中基因突变理论和拉马克学说，分析了企业创新的两类属性，并借鉴生态学中的 K－r 生殖对策，给企业战略的创新管理提供思路与启示；第二，根据行为生态学中关于生物竞争行为的进化稳定对策 ESS 和协演化理论深化了企业战略的竞争与协同过程；第三，根据生态竞争中物竞天择、适者生存的原理，结合生态位理论，分析了企业实质、企业经营过程、市场对企业的选择等生态学模型。这里，借鉴生物适应度评价的维度构建了企业战略的适应度评价指标体系，并以实际案例给出了具体的应用方案。

第三部分，实证研究。基于以上构建的理论体系，对我国四大综合门户网站进行了案例对照研究，并在定性与定量分析上给了分析结论。

具体研究技术路线如图 1－1 所示。

●研究方法可以分为三个层面分别说明：

■哲学与学科综合层面

□整体、联系和发展的思想，生态学、经济学、管理学的综合，演化经济学和新制度经济学的研究方式。

■方法论层面

□类比研究、理论与实证相结合、定性分析与定量评价。

■具体方法与工具层面

□生物进化论、进化博弈论、案例实证研究法、移植与隐喻分析、DEA数据包络分析、成本收益分析。

□研究技术路线如图1-1所示：

第一部分：确题与资料分析

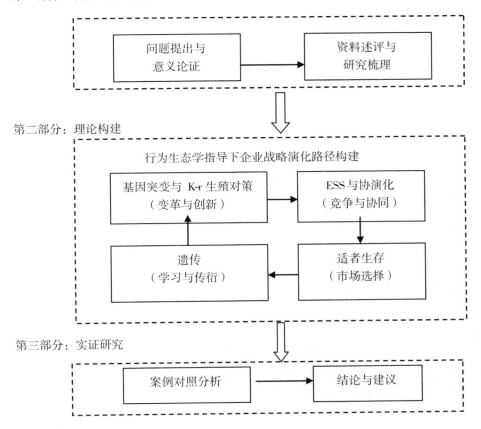

第二部分：理论构建

第三部分：实证研究

图1-1 论文研究思路及技术路线

1.4 研究的框架与内容

生物演化所遵循的基本原则与路径有三个，即"遗传变异、生存斗争、自然选择"。与生物相比，企业的生命长度并不固定，同时作为一种更具思考力的演化主体，其演化路径和原则也有些许差异。生物的变异（特别是可遗传性变异）只有在代际间的遗传阶段才能发生（所以生物学中将遗传与变异当作一个阶段进行界定和研究），而企业战略的变革与演化并非只有伴随着企业的生死交替才能实现。在企业存续期间完成必要的战略变革与转型，这是优秀企业可以完成的，同时这也是企业战略管理所追求的目标所在。所以在该书构建的关于企业战略演化中，将生物学中遗传变异阶段分成两部分加以界定，转换为战略管理语言分别为变革与创新和学习与传衍。因此，借鉴生态学特别是行为生态学的指导理论，结合企业战略管理的特点与过程，该书将企业战略演化的过程分为四个阶段，即"变革与创新——竞争与协同——市场选择——学习与传衍"。

该书内容分为八章，结构如下：

表 1 - 1　文章框架安排

逻辑框架	研究内容及解决的问题	主要研究方法	章节安排
提出问题	明确所研究问题及问题提出的背景和意义	理论实际结合	第一章
理论述评实践评价	企业战略管理理论、企业演化理论、生态学及行为生态学、企业生态学等相关理论的梳理	分析综合	第二章
理论构建 - 变革	企业战略变革的类别与属性，行为生态学中关于 K - r 生殖对策的类比与借鉴，基因变异与拉马克学说的不同应用。	移植与隐喻分析类比分析	第三章
理论构建 - 竞争	多次博弈下的进化稳定均衡分析与进化稳定对策、协同竞争	进化博弈、ESS	第四章

续表

逻辑框架	研究内容及解决的问题	主要研究方法	章节安排
理论构建 - 选择	企业的生态位模型、企业经营过程的生态分析、企业战略的适应度评价、市场对企业战略的选择	DEA 数据包络分析定量分析、财务分析	第五章
理论构建 - 传衍	学习型组织、惯例、文化约束、路径依赖	类比分析	第六章
实证研究	中国互联网综合门户网站的战略演化过程对照分析	案例对照	第七章
总结展望	研究总结与后续研究方向展望	定性说明	第八章

　　第一章为引言部分。说明了选题的实践初衷与理论意义，以及学科综合的科学性。

　　第二章为相关理论综述。分层次介绍了生态学、行为生态学和企业生态学的基本研究内容和研究范式。并与企业战略管理理论的回顾相对照，论述了以行为生态学的方法和工具，研究企业战略演化的合理性与科学性。结合演化经济学和组织生态学理论，初步描绘出企业战略演化的基本路径。

　　第三章借助基因变异的理论体系论述了企业战略的变革与创新。无论企业的新生、死亡更替还是企业革新性产业与经营行为的引入，从企业战略行为的角度上看都可视为企业战略行为的变革。但是，在企业的经营实践中，既有渐变的战略改善，也有剧烈的战略变革，所有这二者的变革行为都可以从拉马克和达尔文的生态学说中找到验证，并借助生物的 K - A 生殖对策为企业两类的创新行为提供指导。

　　第四章主要论述了生物的生存竞争行为，以及企业战略的竞争对策。借助行为生态学中的演化博弈理论，推导出进化稳定策略（ESS）与进化稳定均衡（ESE），解释了企业间的部分竞争行为与机理。在此基础上，又以生物界的红桃皇后理论，解释了生物与企业战略中的协同竞争效应。

　　第五章的市场选择论述的是外部环境对其战略行为的选择过程。这个过程在生物界是自然选择，在企业战略竞争领域则是市场选择，但是二者的选择过程和选择函数有一定的共通性。这便是一系列的生态位理论、企业的生存函数表达和市场选择过程的生态学模型。在生物进化论中，衡量生物在所处环境中的适应性，一般有三个指标：生存力、繁殖效率和对资源的利用率。相应地，我们也通过借鉴生态学的评价方法，建立了基于行为生态学基础的企业战略评价指标体系，并以相应的案例进行了分析。

第六章的学习与遗传关注的是企业战略演化中的惯例保持与学习传递问题。这些对个体发展极为重要的非显性因素，在生物通过生理因子的遗传中得以维持，在非生物的企业战略层面通过组织学习、企业惯例、文化约束和路径径依赖等方式加以完成。

第七章的案例研究，以中国 IT 领域最为典型的互联网门门户网站的发展为研究对象，借助行为生态学的理论框架，对照研究中国四大综合门户网站的战略发展历程，思考其中的战略创新、协同竞争、市场选择以及战略演化轨迹的学习探寻，使战略演化理论与实践得以相互印证。

第八章是在前文理论研究和案例实证分析基础上的小结。并指出了其研究的收获与不足。

1.5　研究的创新点

通过对企业创业原点和在经营过程中关键战略行为的回溯分析，指出了影响企业战略演化过程的关键性战略行为的不可预期性和当时商业逻辑的无法推导性。这种向战略起点的回溯分析，在丰富战略管理理论的同时，也进一步证实了传统战略设计理论的不足与局限性。同时，结合行为生态学理论中的突变理论，指出了针对该类变革适宜的管理理念与方向。

借助行为生态学中的进化稳定策略 ESS 和协同竞争理念，将鹰鸽博弈模型等进化博弈论分析工具应用于企业战略演化的分析，解释了企业战略行为的满意寻优原则。

提出了基于行为生态学的企业战略评价指标体系。借鉴生态领域评价生物适应性的三个指标：生存状态、对环境资源的利用效率、繁殖率，构建了企业战略的行为生态学评价体系与方法。

基于以上行为生态学框架下的企业战略评价方法，就中国四大综合门户网站战略发展历程，进行了对照案例研究。在引入战略定量评价的同时，结合战略演化理论中的创新与变革、协同竞争、市场选择以及学习传衍等方面内容，进行演化理论与产业实践发展历程间的相互印证分析。

第二章

研究述评

在本单元内容中，我们将对企业战略和企业演化、企业战略的实质与生态学研究模式的同一性、企业战略行为与行为生态学的关系，以及企业战略行为的生物性和企业战略的演化过程进行必要的理论梳理，并在此基础上归纳出基于行为生态学视角下的企业战略演化模型。

2.1 企业战略、企业演化及企业战略演化

2.1.1 企业战略

2.1.1.1 企业战略研究追溯

战略一词最早是军事方面的概念，其特性是指发现智谋的纲领。在西方，战略的"strategy"一词源于希腊语的"strategos"，意为军事将领和统御，后来演变成军事术语，指军事将领指挥军队作战的谋略。而在中国，战略一词历史久远，"战"指战争，略指"谋略"。春秋时期孙武的《孙子兵法》被认为是中国最早对战略进行全局筹划的著作。在现代，"战略"一词被引申至政治和经济领域，其涵义演变为泛指统领性的、全局性的、左右胜败的谋略、方案和对策。

尽管战略是一个相当有历史的名词术语，但是战略管理作为理论研究发展的历史并不长，目前较为公认的起源是1962年钱德勒的《战略与结构》一书的出版。钱德勒在该书首次把管理决策分为战略与战术两个层次：战略决策研究企业发展的基本目标，以及为实现这些目标进行的资源分配和调整；战术决

策则是保证资源的合理使用和日常经营工作的顺利开展①。当时战略一词尚未能为大多数人接受，然而，美国学者安索夫在 1965 年出版的《企业战略》一书却产生了很大的反响，并被认为是最早一部系统讲述战略管理的理论著作。安索夫在该书中将企业决策分为三种类型，分别是业务决策、管理决策和战略决策②。后来的战略管理学家安德鲁斯给公司战略下了一个人们广为接受的定义，他把其界定为公司战略是制定组织目标、目的和为实现这些目标、目的所必需的政策或计划的方式。德鲁克则用自己的语言风格形象地指出，所谓战略管理，就是如何在"企业是什么"和"企业应当是什么"之间划上等号。③

2.1.1.2 企业战略管理的理论丛林

随着战略管理理论的兴起，越来越多的学者开始进入这一研究领域，并逐渐呈现出一种战略管理丛林的态势。

（1）战略管理理论的学派与历程

管理大师明茨伯格把战略划分为了 10 个思想学派，即设计学派、计划学派、定位学派、企业家学派、认知学派、学习学派、权力学派、文化学派、环境学派和结构学派。每一个学派都有其鲜明的战略观点。④

以上述分类为基础，结合当前战略管理理论最近发展，参照时间演进过程对战略管理理论进行梳理分析大致可以分为三个阶段：20 世纪 30 年代至 60 年代初期的早期战略思想阶段；60 年代至 80 年代初期的战略理论丛林阶段；以及 80 年代以后的竞争战略理论阶段。目前得到理论界更多关注的则是核心能力⑤、动态竞争⑥、柔性战略⑦以及组织学习⑧等热点内容。

① Alfred D. Chandler, Strategy and Structure, Cambridge, MA: MIT Press, 1962.

② Ansoff, H. I. Corporate Strategy: An Analytic Approach to Business Policy for Growth and Expansion. New York: Mc – Graw – Hill, 1965.

③ Peter F. Drucker The Practice of Management. Harper & Row. Place of Publication. 1954.

④ 亨利·明茨伯格，布鲁斯·阿尔斯特兰德. 战略历程（修订版）[M]. 北京：机械工业出版社，2006，10~15，18。

⑤ Barney, J. B. Strategic Fact or Markets: Expectations, Luck, and Business Strategy. Management Science 1986. 32/10. 1231~41. In Nicolai J. Foss (ed.), Resource, firms, and Strategies. London: Oxford University Press, 1997.

⑥ Teece, D. J., Pisano, G. & Shuen, A. Dynami capabilities and Strategic Management. Strategic Management Journal, 1997, (14): 61~74.

⑦ Barney, J. B. Is the Resource—based "View" a Useful Perspective for Strategic Management Research. The Academy of Management Review, 2001, (26).

⑧ Penrose, E. T. The theory of Growth of the Firm. Basil Blackwell Publisher, Oxford, 1959.

（2）理论丛林与典型观点

计划学派的产生便是以战略管理理论的创始人安索夫为代表，他的"战略四要素"说认为战略的构成要素应当包括产品与市场范围、增长向量、竞争优势和协同效应。安索夫将战略管理明确解释为"企业高层管理者为保证企业的持续生存和发展，通过对企业外部环境与内部条件的分析，对企业全部经营活动所进行的根本性和长远性的规划与指导"[①]。设计学派的观点始出于塞日尼克，发展于钱德勒，后由安德鲁斯做了精确的界定。安德鲁斯的战略定义是："战略是关于企业宗旨、目的以及目标的一种模式，和为达到这些目标所制定的主要政策和计划。"[②]设计学派还建立了著名的 SWOT 战略形成模型，也是其重要的理论基础。定位学派的代表人物是波特，其在 1980 年《竞争战略》[③] 和 1987 年 "从优势到战略"[④] 相关内容中关于 5 力模型和 3 种基本战略的提出，在全球范围产生了深远的影响并被认为是 20 世纪 80 年代处于主流地位的企业战略理论。在战略管理理论的发展过程中，一些咨询公司的作用也不可小视。其中，波士顿咨询公司（Boston Consulting Group）在制定公司战略方面获得了第一项分析性突破，创造了被其称为成长/市场份额矩阵的分析工具及其投资组合管理理论[⑤]。由于组织外部环境变化的不可预测性和组织本身所固有的适应性，一些通过严格程序制定的战略并未得以实现，而一些未经正式制定的、自然显现的战略却得以实现。50 年代后期，林德布鲁姆的渐进主义观点就对传统的战略计划提出批评[⑥]。因此一些学者开始把研究的重点转向组织在各种不可预测的环境因素约束下的战略形成上，由此而产生了学习学派。奎因的逻辑渐进主义将理性计划和渐进的观点这两个极端观点结合起来，

①　Ansoff, H. I. Corporate Strategy：An Analytic Approach to Business Policy for Growth and Expansion. New York：Mc - Graw - Hill，1965，23～30.

②　Andrews，K. R. The concept of Corporate Strategy. Illinois：Burr Ridge：Dow Jones Irwin，1971.

③　Michael E. Porter. Competitive Strategy：Techniques for Analyzing Industries and Competitors，The Free Press，N. Y. 1980.

④　Michael E. Porter. From Competitive Advantage to Corporate Strategy. Harvard Business Review，May － Jun，1987.

⑤　Boston Consulting Group. The Product Portfolio Concept，Perspective 66. Boston：Boston Consulting Group，Inc.，1970.

⑥　Charles E. Lindblom. The Science of "Muddling Through". Public Administration Review. Vol. 19. No. 2（Spring，1959），pp. 79～88.

成为学习性的战略观念中的一种①。而在现代知识经济时代，随着 1990 年
《第五项修炼》一书的出版，学习型组织成为现代企业组织形式的典范②。文
化学派③注重团队利益和整体，认为企业战略根植于企业文化及其背后的社会
价值观念，其形成与发展与日本企业在 70 和 80 年代的强势崛起密不可分④。

（3）竞争与资源能力学派的研究主流、融合与挑战

80 年代以后西方经济学界和管理学界一直将企业竞争战略理论置于学术
研究的前沿地位，从而有力地推动了企业竞争战略理论的发展。这一阶段产生
了以竞争优势为研究焦点的三大战略学派：波特的行业结构学派、普拉哈拉德
与汉默尔的核心能力学派、科利斯与蒙哥马利的战略资源学派，进一步完善了
企业战略理论体系。波特于 1980 年出版的《竞争战略》初步建立了行业结构
学派的理论框架，1985 年他在《竞争优势》中借助价值链分析工具进一步系
统地阐述了企业竞争优势的来源、获得途径和方式⑤。核心能力学派则是由普
拉哈拉德和汉默尔在 1990 年基于安德鲁斯有关特色能力概念的基础上提出了
的，该学派认为企业是核心能力的集合体⑥。所谓核心能力是组织中的集体学
习能力，尤其是如何协调多种生产技能以及整合众多技术流的能力⑦。核心能
力分布于组织内部，如何跨越组织边界，把公司各项的业务紧密地编织成协调
一致的整体，是企业持续竞争优势的关键所在⑧。同年艾尔弗雷德·D·钱德
勒出版《企业规模经济与范围经济：工业资本主义的原动力》提出组织能力
是现代大型企业竞争优势的重要来源⑨。1992 年波士顿咨询公司的斯托克、伊
文斯和舒尔曼的《基于能力的竞争公司战略的新规则》在哈佛商业评论发表，
认为成功的企业极为注意行为方式，即生产能力的组织活动和业务流程，并把

① James Brian Quinn. The strategy process: concepts, contexts, cases. Prentice Hall, 1996.

② Peter M. Senge. The Fifth Discipline. Currency press, 1990.

③ Barney, J. Organi zat i onal Cul t ure: Can It Be A Source of Sust ai ned Compet i t i ve Advant age.
Academy of Management Revi ew, 1986, 11（3）: 656～665.

④ Henry Mintzberg. The strategy process: concepts, contexts, cases. Prentice Hall, 1996.

⑤ Michael E. Porter. Competitive Advantage, The Free Press, N. Y. 1985.

⑥ Prahalad, C. K., and G. Hamel. The Core Competence of the Corporation. Harvard Business Review,
May – Jun, 1990.

⑦ C. K. Prahald, and G. Hamel. The Theory of the Firm. Oxford Press, 1990.

⑧ （丹麦）尼古莱·J·福斯. 企业万能：面向企业能力理论［M］. 李东红译. 大连：东北财经
大学出版社，1998。

⑨ Alfred D. Chandler. Scale and Scope. Cambrideg, MA: Harvard University Press, 1990.

改善这些活动和流程作为首要的战略目标①。这些组织能力论与流程能力论均是核心能力论的有力补充②。企业是战略资源的集合体这一观点是以资源为基础的战略理论的核心内容之一③。1984 年，伯格·沃纳维尔特在哈佛商业评论发表的《企业资源基础论》一文，成为 1980 年代有关企业资源的最具影响力的学术论文④。1995 年以来，科利斯与蒙哥马利在哈佛商业评论发表了多篇论文，全面系统地阐述了基于资源的企业战略理论⑤。基于资源的公司观点将业务战略与公司战略联系起来⑥，指导公司各阶段的发展与成长，从单一业务公司逐步过渡到大规模的多元化经营的整合型公司⑦。但是，这些研究分析方法成立的前提条件之一是环境的相对稳定性，当出现不可预测的环境变化即所谓的"熊彼特革命"⑧时（比如柯达公司在传统感光领域积累的资源与能力等竞争优势在面临数码成像技术的突变时便无所应对），该方法就失去了作用⑨。这种来自实践的挑战又使得以熊彼特为创始代表的创新学派吸引了更多学者的目光⑩。

从发展过程来看，尽管这如此多的理论分歧中（比如竞争理论和资源观）也有从过去的相互批评而逐渐彼此吸纳与融合，但是战略管理学科经历了 40 多年的发展至今，仍然是一门不成熟的学科，目前也尚未形成统一的研究范式和结论。

2.1.2　企业演化

演化一词来源于拉丁文 evolution，本意为把卷起的东西松开、展开。生物

---

① George Stalk, Philip Evans and Lawrence E. Shulman. Competion Based on Capability: New Principles of Corporation Strategy. Harvard Business Review, March – April, 1992.

② 李显君. 国富之源企业竞争力 [M]. 北京：企业管理出版社，2001。

③ E. T. Penrose, The Theory of the Growth of the Firm, M. E. Sharpe, Inc., 1959.

④ Wernerfelt, B. A Resource – Based View of the Firm. Strategic Management Journal, 1984.

⑤ Collis, D. J. and C. A. Montgomery. Creating the Advantage of a Firm. Harvard Business Review, May – Jun, 1998.

⑥ Collis, D. J. and C. A. Montgomery. Competing on Resources: Strategy in the 1990s. Harvard Business Review, May – Jun, 1995.

⑦ （美）大卫·J·科利斯，辛西娅·J·蒙哥马利. 公司战略企业的资源与范围 [M]. 王永贵，杨永恒译. 大连：东北财经大学出版社，1997。

⑧ 约瑟夫·熊彼特. 经济发展理论 [M]. 何畏，易家详译. 商务印书馆，1990。

⑨ 约瑟夫·熊彼特. 经济分析史 [M]. 朱泱，孙鸿敬，李宏译. 商务印书馆，1996。

⑩ 约瑟夫·熊彼特. 资本主义、社会主义与民主. 吴良健译. 商务印书馆 1999。

学中将其译为进化，表示物质由无序到有序，由简单到复杂的有方向性的变化过程。但是达尔文认为生物进化不一定都是"进步"的，因此，他在1859年的巨著《物种起源》中首次使用了"有变化的传衍"（descent with modification）来表示生物随时间连续性变化的过程，可以把这一描述理解为演化①。通常，"进化"一词强调事物的进步性变化或由低向高的发展。而"演化"则更关注于事物随时间变化的形态，演化过程可以是进化的，也可以是退化的，甚或是起点与终点不变的，只要在变化的过程中随着时间维度的进展有所不同就可以。进化一词，对变化的结果带有明显的褒义色彩；而演化强调的只是一种过程，随时间而变化的过程，其结果可能是进化，也可能是退化，还可能不变，不带明显的感情倾向。因此，"演化"具有更中性的特点。基于战略本身无所谓先进与落后甚至于无所谓"正确"与"错误"，只要"合适"就好这一特点的考虑，这里我们采用更具中性与客观性的"演化"一词。（从这里也可以看出，战略好与坏的评判标准与生物的"适者生存"原理是一致的。）

2.1.2.1 企业演化的理论基础

企业演化观的理论基础最先出自达尔文的生物演化理论。达尔文理论的主要内容囊括生存斗争、自然选择、变异、遗传、性状分异等，其核心思想是环境对生物的自然选择过程，以及生物竞争过程中的"适者生存"观点。达尔文认为由于物种在环境中存在生存竞争，从而导致了自然选择的发生，自然选择又促生了物种的适应性变异及相关变异，进而将这种有利的变异遗传给下一代。同时达尔文理论中突显了生物个体变异的大量多样性和无方向性，以及环境选择的"优胜劣汰"特点。

演化观的另一个重要的理论基础是拉马克的"用进废退"及"获得性遗传"理论②。拉马克认为生物会对环境产生适应性变化，使用频繁的器官变得越来越发达，不用的器官则会退化甚至消失，而这些器官性状的改变会遗传给下一代。在这一演化过程中，拉马克强调了生物对环境的主观适应性的作用。虽然自然界现实没有为拉马克理论提供支持的佐证，但该理论在企业研究领域却受到了学者们的推崇，其程度甚至超过了达尔文理论。学者们认为企业具有智慧，会有意识地、能动地适应环境的变化，企业变异是有目的、有方向的，

---

① 达尔文. 物种起源［M］. 北京：科学出版社，1972。
② 拉马克. 动物哲学［M］. 北京：商务印书馆，1936。

同时企业变异后获得的功能可以有意识地保留和遗传下去，这是企业不同于自然生物的地方，而企业领域也更适合拉马克遗传基因理论所描述的情况。因此，拉马克主义在企业演化研究中得到了更广泛的重视与研究，并大有形成以组织学习能力和动态适应能力为基础的企业演化研究"拉马克学派"的趋势。许多研究企业演化的学者声称"要毫不羞耻理直气壮地高举起拉马克主义的大旗"，其逻辑也正是基于以上的分析。但是，我们将在第三章关于企业战略的创新和变革分析中看到，这种方向明确的演化指向性是不充分的。

企业演化观中还有一个容易被忽视，或者称其为隐性的理论基础，是协演化理论，又称共同演化理论、红桃皇后理论。协演化理论是万瓦伦（Van Valen）在 1973 年研究生物演化时提出的观点，具体说来是指随着对手和环境的不断发生变化，每个生物也必须一刻不停的紧随其后，才能保证自己相对竞争地位的稳定或不落后[①]。自然选择的动力范围在协演化理论中被扩展了，不仅明确了环境的生存选择的存在，更明确了与对手之间的竞争选择的存在，也从另一侧面阐释了环境中生存竞争存在的长期性和不可消灭性，并证明了自然选择的必然性。协演化是生物不断演化的重要推动力量，也是生物间彼此促进的力量，只要有一个成员演化其他成员也不得不跟进，永不停歇地演化。引入协演化理论后，企业演化观明确了一些企业演化的基本条件：企业需要处在不断竞争的环境中，不要幻想探索出可以长期规避竞争的战略，也不存在脱离竞争的持续有效演化；企业应始终保证拥有新近的新鲜的竞争经验并使之在组织内传播分享，以便让整个企业对环境保持高度的协同性。

经济学要早于管理学把演化与基因理论引入经管研究领域。演化理论在经济领域的研究集中于对旧有经济学框架的修正以及宏观经济现象的实证与理论分析上，同时，以上研究范式成就了经济学研究领域中非常重要的演化经济学[②]。而具体到企业管理领域，则根据企业内外部的区别，涉及到企业生态、企业自身性质与战略、企业内部资源与能力等多层次的研究。在该书中，借助对企业战略的分析，我们将之更多统一到企业战略的分析框架中。

从总体来说，由于达尔文理论和拉马克理论在企业演化研究中的共同应

---

① 尚玉昌．行为生态学［M］．北京大学出版社，2001，230。
② 理查德·R. 纳尔逊，悉尼·G. 温特．经济变迁的演化理论［M］．北京：商务印书馆，1997。

用，目前企业演化研究大致分成两方面的内容：环境对企业的自然选择过程是如何发生的；企业能动的适应环境的行为、步伐和路径是如何影响选择过程的。前者主要基于达尔文主义的研究视角，认为企业变异无法事前准确预知环境选择的方向，因此只能根据自身的情况做出战略选择，然后接受环境的检验。这方面研究把环境选择作为分析的重点，解决环境对企业行为的影响规律问题。后者则主要从拉马克主义视角出发，认为在组织学习和动态能力的支持下，企业可以实现有目的的变异并影响自然选择的进程，因此企业演化来自于企业内部，企业能力的提高为企业演化提供了物质基础。这方面研究把企业本身及内部条件作为研究的关键，解决企业动态能力提升问题。而在企业的经营管理实践中，以前两种现象其实都有所存在。在该书以下章节的论述中，我们将会看到企业战略演化的不同阶段，以上两种理论各自有所侧重。同时，在同一阶段的战略演化上，比如战略的变革与创新中，基于两种理论框架的行为同时存在并显现出不同的特点与竞争结果。

总结起来，企业演化观主要引用达尔文生物演化理论、拉马克"用进废退"及"获得性遗传"理论、协演化理论三个生态学方面的基础理论。

2.1.2.2 关于企业演化的研究

企业演化理论（也有学者称之为企业成长理论）源于生态学，从生态学的角度阐述企业发展问题使人易于理解和接受，因而为企业成长问题的研究提供了新的视角。企业演化理论分析的思路是从宏观层面分析深入到微观层面，从企业成长的外在性观点发展到企业成长的内源性观点。但是在二者的表述中，前者更多借用生态学词汇，而后者的研究多集中于战略管理理论中的资源学说和组织学习理论中。

亚当·斯密（Adam Smith，1776）是古典经济学企业成长论的创始人，他在《国富论》中的相关论述是企业规模生产最早的思想来源[①]。马歇尔（Marshal，1890）在坚持规模经济决定企业成长这个古典观点的同时，提出了竞争均衡的概念与模型[②]。斯蒂格勒（Stigler，1951）以企业的功能划分为基础，根据产业寿命周期分析了企业成长的一般规律，解释了基于规模经济利益的企

---

① 亚当·斯密. 国富论 ［M］. 郭大力，王亚南，译. 北京：商务印书馆，2003。
② 马歇尔. 经济学原理 ［M］. 朱志泰，译. 北京：商务印书馆，1981。

业成长与稳定的竞争均衡条件相容的原因①。伯恩斯和斯陶克（BurnSandStalker）在 1961 年讨论了关于组织的有机性与环境适应问题。但对企业生命问题真正成熟的研究始于 20 世纪 70 年代末，金伯利和米勒斯于 1980 年的提出了企业生命周期概念，将企业的生命过程分为创业、集中、规范化、成熟四个阶段，并分析了不同阶段的企业特点和管理要求。而企业生命周期理论集大成者是伊查克·爱迪斯（IchakAdizeS），他首先在 1979 年的论文"组织转变：组织生命周期的诊断与处理"中划分了组织生命周期五个阶段：产生、成长、成熟、衰退和死亡②。随后在 1988 年的著作《组织生命周期》中③，把这五个阶段又细分为孕育期、婴儿期、学步期、青春期、盛年期、稳定期、贵族期、官僚化早期、官僚期、死亡期九个时期，以及在每一时期应采取的相应对策的建议④。

关于企业成长与边界的分析中，科斯的分析具有相当重要的影响。他从交易费用这个角度分析了企业的成长。科斯认为企业是价格机制的替代物，当市场的交易费用大于组织内部的运营成本时，企业就产生了。同理，当企业内容管理成本上升到接近市场交易费用时，也便接近了企业成长的边界⑤。威廉姆森（Williamson）则从资产专用型、不确定性和交易效率三个维度定义了交易费用⑥，还从企业核心技术角度提出企业"有效边界"的概念⑦。在影响企业成长的具体环境方面，海瑞奎斯和桑多斯基（Henriques& Sadorsky）在 1996 年分析了顾客压力、股东压力、社区压力及政府的环境规制对企业可持续成长的影响作用。1997 年，Arther Fishman 和 RafaelRob 发展了一个有关企业规模与产业演化均衡模型。Marten Coos 则在 2000 年从产业组织视角研究了劳动需

① StiglerG J. The Division ofLabor is Limited by the Extent of the Market ［J］. Journal of PoliticalEconomy, 1951（59）.

② Adizes, Ichak（1979）, "Orgnaizational Passage：Diangosing and Treating Lief Cycle Problem in Ogrnaizations"［J］. Orgnaizational Dynamics, smumer, 3～24.

③ Adizes, Ichak（1988）, "Coprorate Lief Cyeles：How and why Coproartions Growth and Die What to Do About It"［M］, Perntice–Hall, 1988.

④ Adizes, Ichak（1979）, "How to sovel the Mismanagement Crisis" ［M］, Dow–Jones–irwin, 1979.

⑤ Coase R. H.：TheNature of the Firm ［J］. Economica, 1937（4）：386～405.

⑥ Williamson：Market andHierarchies：Analysis and Anti–Trust Implications ［M］. New York：Free Press, 1975.

⑦ Williamson：The Economic Institute ofCapital ［M］. New York：Free Press, 1985.

求与企业成长、产业演化的关系①。

在关于企业演化的内生发展方面，则主要集中于资源与能力等学说上。企业成长理论的鼻祖英国人彭罗斯（Edith. T. Penrose）在 1959 年发表的《企业成长理论》一书中首开从企业内部解释企业成长的研究先河②。沃勒菲尔特（Wernerfelt）在 1984 年进一步发展了彭罗斯的理论，提出企业以及企业的战略优势都建立在他所拥有的一系列特殊资源以及资源的使用方式上，企业的可持续成长需要打破利用现有资源与开发新资源之间的平衡。科利斯和蒙哥马利（Collis&Montgomery，1995）认为，如果企业掌握着有价值的资源，就能够比竞争对手更好地或成本更低地实现成长③。1982 年，以纳尔逊、温特（Nelson & Winter）等人为代表的现代演进经济学理论，提出了核心概念"惯例"。认为具体的惯例是构成了企业组织成员决策活动的前提，也是推动企业成长演化的关键因素④。核心能力学说的代表人是普拉哈拉德和哈默（Prahalad and Hamel），1990 年他们在《哈佛商业评论》上发表的《核心竞争力》一文，将核心能力定义为"组织中的积累性学识，包括一系列互补的知识和技能"。并认为企业应"看作是能力的集合体而不是资源的集合体"⑤。进而，替斯等（Teece）学者又提出动态能力概念并在 1997 年构建了著名的动态能力框架。动态能力是"企业整合、建立以及重构企业内外能力以便适应快速变化环境的能力"⑥。

国内方面的文献中，杨杜于 1995 年出版了其博士论文《企业成长论》⑦。1998 年，张林格在杨杜二维企业成长模型的基础上添加进了市场竞争因素，从而构建出了三维空间企业成长模式⑧。1999 年，赵晓在分析从古典经济学的

① 李允尧. 企业成长能力研究 ［D］. 中南大学博士学位论文，2007。

② Penrose E. T.：TheTheory of theGrowth of the Firm ［M］. London：OxfordUniversity Press. 1997.

③ Collis D. J. and Montgomery C. A.：Competing on resources：strategy in 1990s ［J］. Harvard Business Review，1995（73）.

④ Nelson R. andW inter S.：An evolutionary theory of economic change ［M］. Cambridge：Harvard University Press，1982.

⑤ Prahalad C. K. and Hamel G.：The Core Competence of the Corporation ［J］. Harvard Business Review，1990（May – June）：79～91.

⑥ Teece D.，PisanoG. & ShuenA.：Dynamic capabilities and strategic management ［J］. Strategic Management Journa，l 1997（18）：509～533.

⑦ 杨杜. 企业成长论 ［M］. 北京：中国人民大学出版社，1995。

⑧ 张林格. 三维空间企业成长模式的理论模型 ［J］. 南开经济研究，1998，（05）：45～49。

《国富论》直到 Winter 和 Nilson 的演化理论基础上，提出了一个分析企业成长的三维分析框架，并认为政府的支持不是企业成长的第一位要素①。徐艳梅则从企业规模扩大入手，认为时间及成长率是影响企业成长的两项要素②。2000年，邬文兵等人总结我国企业缺乏国际竞争力的原因后，认为对于中国企业而言，通过管理创新进而实现管理跨越是优先考虑因素与成长路径③。而刘东认为企业核心竞争力是企业生存和发展的力量源泉，企业只有把核心竞争力与经营战略的选择联系起来，企业才能获得长久的竞争优势④。2002年，赵曙明等人从人力资源的角度出发，论述了企业成长与人力资源管理的相互关系，提出了企业集团成长的三阶段论⑤。2004年，范明，汤学俊研究企业可持续成长问题后认为产业力纬度、技术力纬度、制度力纬度以及市场权力纬度构成企业可持续成长的四力纬度结构⑥。金碚则在研究了企业成长必要性的基础上，提出"企业成长是循环积累的过程，是财富、技术、惯例与声誉累积的过程"⑦。2005年，郭蕊在界定了可持续成长内涵的基础上，构建了基于五个关键维度的三级指标体系和测评模型⑧。张明、许小明则从分析西方学者关于企业成长是基于企业内部和产业组织这两个维度研究的基础上，提出了转轨经济中制约企业成长的四维变量⑨。许晓明、徐震整理和剖析了影响现代企业成长理论的异质性假设、综合性知识积累增长、资源的动态竞争优势、产业分析路径以及

① 赵晓. 企业成长理论研究 [D]. 北京大学博士学位论文，1999。
② 徐艳梅. 企业成长研究 [J]. 北京工业大学学报，1999，(12)：53～56。
③ 邬文兵，詹荷生. 企业成长二次跨越模式探讨 [J]. 科学学与科学技术管理，2000，(04)：41～43。
④ 刘东. 核心竞争力——企业成长的超久能源 [J]. 企业改革与管理，2000，(05)：18～19。
⑤ 赵曙明，吴慈生，徐军. 企业集团成长与人力资源管理的关系研究 [J]. 中国软科学，2002，(09)：46～50。
⑥ 范明，汤学俊. 企业可持续成长研究——一个一般框架及其对中国企业可持续成长的应用分析 [J]. 管理世界，2004，(10)：107～113。
⑦ 经济与管理研究编辑部. 中国企业成长的规律性研究——首届中国企业成长研讨会综述 [J]. 经济与管理研究，2004，(06)：3～6。
⑧ 郭蕊. 企业可持续成长能力的关键纬度及分析模型 [J]. 科学学与科学技术管理，2005，(11)：137～141。
⑨ 张明，许晓明. 转轨经济中制约企业成长的四维模型初探 [J]. 上海管理科学，2005，(04)：28～30。

行为、学习等五个重要组成部分①。2006 年，钟宏武、徐全军选取了国内外有代表性的论文基础上，就相关热点问题、视角、领域和理论贡献上的异同进行了比较说明②。2007 年，张焕勇研究了企业家能力与企业成长的关系后设计了企业家能力与企业成长关系的模型③。吕一博在 2008 年对中小企业成长的影响因素进行研究后构建了中小企业创新能力的评价体系，并提出一个"成长动机——成长能力——成长资源基础——成长机会"四维度的中小企业成长影响因素模型④。邵艳华等人在 2009 年进行了基于 Agent 模型的仿真研究⑤。王皓等于 2010 年分析了企业演化特征及其对劳动就业的影响⑥。同年，甘德安等人研究了家族企业的传承与演化分析，并发表系列文章⑦。2011 年田银华，向国成等人以契约治理理论角度和演化博弈工具也对家族企业的演化进行了分析⑧。

2.1.3 企业战略演化实质——战略与环境相互的动态匹配过程

企业战略的实质分析可以从以下三个方面入手：一是企业战略的基本问题；二是企业的性质；三是企业战略管理的内容。这三个角度基本全面涵盖了动态和静态背景下的战略性质。这当中既回顾了历史发展的过程，又分析了发展的结果，从而较为全面、合理、恰当地探索了战略的性质。下面就从上述三个角度探讨战略的实质是什么的问题。

企业战略的基本问题涉及的是有关企业战略的基本概念、学科基础、研究对象和研究假设等四个问题。战略的基本问题视角下的战略性质包含以下基本论断和内容：战略的概念所揭示的战略的基本性质为整合性、动态性、相互依

---

①　许晓明，徐震．基于资源基础观的企业成长理论探讨 [J]．研究与发展管理，2005，(04)：91～98。

②　钟宏武，徐全军．国内外现代企业成长理论研究现状比较 [J]．经济管理，2006，(01)：39～43。

③　张焕勇．企业家能力与企业成长关系研究 [D]．复旦大学博士学位论文，2007。

④　吕一博．中小企业成长的影响因素研究 [D]．大连理工大学博士学位论文，2008。

⑤　邵艳华．基于 Agent 的企业演化模型仿真研究 [J]．计算机工程与设计，2009，30 (10)。

⑥　王皓，李玉红．企业演化的动态特征及其对劳动就业的影响 [J]．经济管理，2010 年第 7 期（总第 475 期）。

⑦　甘德安，杨正东．基于混沌理论分岔与分形视角的家族企业传承研究 [J]．理论月刊 2010 年第 5 期。

⑧　田银华，向国成．基于契约治理理论的家族企业演化博弈研究 [J]．求索，2011，1。

赖性和一致性①；企业战略的学科基础显示，作为一门课程和一个研究领域的出现，企业战略的诞生是顺应了企业管理实践对于整合各职能领域的知识的需求，实际上体现出战略活动本身的整合性②；可以把企业战略所关注的对象理解为企业的目标和途径、竞争优势两个层次，不论实现哪个层次的目标，都必须依赖一个处于较为协调状态的企业整体③；企业战略研究和活动所依据的各种假设显示，环境的特性具有非常明显的约束作用，战略实践和理论与环境之间存在非常强的互动关系④。

企业的性质涉及到企业战略问题的产生。企业战略本身具有的一些特性，企业战略实践所要解决的实际议题，企业整体与外部环境的关系等方面的问题揭示了企业战略的性质。从这个角度分析，企业战略的组成因素包括了：新古典经济学下的企业只是一个生产单位，没有战略存在的必要性；交易成本经济学分析下的企业性质更多体现的是企业与市场的关系⑤。把企业看做是市场机制的互补机制，企业战略的主要特性在提高经营效率。虽然对于一体化战略具有较强的解释力，但它较少考虑到企业经营层面的具体行为。此种企业性质视野下的战略性质仍旧与战略所关注的问题存在较大的差距；能力理论认为企业的基本性质是由企业的资源、能力和知识等内部要素构成的⑥。企业被视为能力、资源和知识的集合体，保持、创新和运用企业的核心能力就成了驱动战略发展的内在逻辑⑦。能力的主要性质，如整合性、动态性、独特性等也就赋予了战略带相应的特性，使得战略也表现出整合性、动态性、独特性等性质，战

① Henry Mintzberg. The strategy concept I: Five Ps for strategy. California Management Review, Fall 1987, 13～24.

② David Levy, Choas theory and strategy: Theory, applications, and managerial implications, SMJ, 1994, Vol. 15, 167～178.

③ Raza Mir and Andrew Watson, Strategic management and the philosophy of science The case for a constructivist methodology SMJ Vol. 21 No. 9 2000: 941～953.

④ Ingeman Arbnor, Bjorn Bjerke, Methodology for creating business knowledge, SAGE publications, International educational and professional publisher, Thousand Oaks, 1996: 18.

⑤ R. H. Coase. The Nature of the Firm: Meaning. In The Nature of the Firm: Origins, Evolution, and Development [M]. Edited by Oliver E. Williamson, Sindey G. Winter. Oxford University Press, 1993: 52.

⑥ David J. Teece, Gary Pisano and Amy Shuen. Dynamic capabilities and strategic management, SMJ, Vol. 18, 1997, No. 6: 509～533.

⑦ Seth, Anju; Thomas, Howard. Theories of the firm: Implications for strategy research. Journal of Management Studies, Mar94, Vol. 31 Issue 2, 165, 27.

略的本质就在于对核心能力的创造、更新、整合与运用①。

我们还可以从企业战略管理的内容比较分析不同管理流派对企业战略的实质界定与阐述。通过分析一些主要的战略理论，包括产业结构学派、资源与能力学派、演化学派、博弈理论的内容、假设及评论，我们概括出了如下的两个战略基本性质：首先是空间上的完整性。企业战略不仅应考虑到企业内部的情形、资源、能力和结构，也应考虑到企业外部的情形、产业结构，还要考虑各竞争主体之间的互动性；其次是时间上的动态性。企业战略不仅应把企业当下的状态作为考虑的对象，还应把企业和与企业相关的环境过去发展的路径以及未来发展之后某一时点的状态纳入考虑的范畴。作为定位与结构分析学派的创始人物同时也是 80 年代以来战略管理的标志性人物，Porter 在分析了后期的另一代表学说——资源与能力学派后，非常明确地指出"战略就是在企业的活动间创造匹配"②。这与演化学说的研究范式已经基本一致了，在一定程度也体现了不同战略管理理论在"匹配"这一概念下的相互借鉴与融合。

通过以上三个角度地综合分析，结合企业战略管理的定义，我们可以从演化角度给企业战略的演化下一个精确的描述：所谓企业战略演化，就是企业战略与变化下的环境的动态匹配过程。

2.2　经济管理与生态学

2.2.1　经济管理中的生态演化理念

关于生态学的定义最早是由德国生物学家 E. Haeckel 在 1866 年提出的，并且该定义直至目前也是学术界广泛认同的界定。该定义认为：生态学是研究生物与其环境相互关系的科学③。一般生态学是以生命物种为核心对象进行研究的，从个体、种群、群落、生态系统等不同角度去研究。以上研究层次的不同，反映到生态学理论在经济管理中应用上也是各有侧重。

生态学思想和理论广泛应用于经济管理的各个方面。比如在生态工业、循

---

①　Kathleen M. Eisenhardt and Jeffrey A. Martin. Dynamic capability：what are they? SMJ, Vol. 21, 2000, No. 12：1105～1121.

②　Michael E. Porter. What is strategy? Harvard Business Review. Nov–Dec 1996, pp. 61～78.

③　尚玉昌. 普通生态学 ［M］. 北京大学出版社，2001，1.

环经济和城市发展中的应用等，但是这些内容并非该书研究的范畴。与该书研究距离较近的领域是其在区域创新系统、组织生态学、企业生态学方面的应用，而且这三项研究的层次均是沿袭个体、种群、群落、生态系统的范式进行的。

（1）演化经济学的产生与发展

生态学中关于动态与演化的思想与理念是生态学对经济管理知识体系影响的关键之处，它极大促进了演化经济学说在经济学领域中的发生与发展。最早把达尔文进化思想引入经济学研究中的是旧制度经济学家凡勃伦（T. Veblen），他指出："问题不是事物如何在静态中自我稳定，而是它们如何不断地生长和变化。"① 支持此论点的还有新古典经济学的集大成者马歇尔（A. Marshall），他认为："经济过程是动态演化的，经济学家的麦加（Mecca）应当是经济生物学……但生物概念比静态物理概念更复杂，因而大量的经济基础理论研究还是以机械类比、均衡、稳定、决定性为主…… 经济学不过是广义生物学的一部分。②" 在其名著《经济学原理》（第八版）的序言里他指出，经济学的基本研究方法有两个来源：一是牛顿的物理学，另一个是生物进化论。前者由"理性假设"推导出均衡的概念，并由此建立起新古典经济学的基本研究框架。但是，新古典经济学把经典物理学当做方法论基础，把完全理性、完全信息当做理论假设，把均衡当做一切经济过程的结果。新古典经济学理论的缺陷正如 Douglass C. North 所指出的那样："缺失的是对时间历程中经济演变方式的分析性理解。包含两个错误的假设：一是制度并不重要，二是时间并不重要。"③ 新古典经济学理论只关注市场的运行，却并不在意市场如何发展。（这在企业战略管理研究中，相当于只研究强大企业的优势地位，而不探讨人们最为关心的如何成为强大企业的过程。所以，在学习者看来一切都非常正确，但就是可供自己学习与成长的借鉴很少。）马歇尔的论述多少验证了杰克.J.弗罗门对他的评价"与凡勃伦的态度相同，马歇尔表达了这样一种愿望，即经济学中流行的静态分析将是一种过渡状态，将被基于生物学概念的真

---

① G. M. 霍奇逊. 现代制度主义经济学宣言 [M]. 北京：北京大学出版社，1993。
② 马歇尔. 经济学原理（上卷）[M]. 宗北京：商务印书馆，1997。
③ 道格拉斯·C. 诺斯. 时间历程中的经济绩效 [A]. 北京：经济科学出版社，2003。

正动态分析所取代。①"可见马歇尔的企业演化思想在经济学界是深刻而前卫的，但遗憾的是马歇尔本人不得不返回到静态均衡的概念，原因正如他所感叹的——提出一门基于生物学的经济理论非常困难。由此可见，不要说将基于生物学的经济学理论集大成，就是有一点些许的进步也是难能可贵。毕竟新生事物都不是完美的，但却是很富于生命力和未来价值的。同时，任何完美的理论体系也都是需要一个逐渐丰富与完善的过程。

（2）演化经济学与新古典经济学

演化经济学较之新古典经济学研究范式的根本差异在于达尔文和牛顿世界观和方法论的根本不同②。第一，在认识论的预设分析方面，新古典经济学假设决策人具有完全理性，足以了解所有可能的选择以及如此选择的后果。而演化经济学则指出多数人是无意识、不可测和不可比的，而且人的理性是有限界，决策人的理性也是有限的，不可能具备新古典经济学理论中假设的完全理性特征。第二，在关于企业的同质性还是异质性的探索方面，新古典经济学为了方便计算和分析，通常假设企业的同质性，而演化经济学则更注重异质性的价值与意义。因为异质性才是持续不断革新和创造的动力。第三，关于企业竞争与利润追求的问题，新古典经济学假设企业有追求利润最大化行为，而演化经济学仅假设企业有找寻利润的行为。在环境稳定时，二者不同的目标导致的行为区别不大，但当环境不稳定时，这种对利润追求的最大解与满意解的不同会导致企业行为的较大差异，后者更倾向于一种稳健与稳定的企业经营导向，而这更切合企业家们现实的选择与行为。第四，对时间的认识。新古典经济学注重研究平衡的状态，而不关注分析达到均衡的过程，而时间因素却是演化经济学说中演化过程的关键因素。最后是关于随机和初始因素的看法。新古典经济学认为，即使存在不确定因素，在给定随机变量分布后得出的平均值研究表明，理性代理人仍可找到最优化行为。而演化经济学则认为随机因素不论在决策的那一时段，还是以后决策输入因素的考量中均起着关键的作用（这也是传承和变异的重要来源因素），随机与初始条件的偶然不同，也许会导致所谓

---

① 杰克·J. 弗罗门. 经济演化——探究新制度经济学的理论基础 [M]. 北京：经济科学出版社，2003。

② 陈金波. 企业演化机制及其影响因素研究 [M]. 北京：经济管理出版社，2008，37～41。

最优化结果难以出现。比如，计算机键盘字母顺序的分布便是一例①。

绍尔斯造出机械打字机后同时也发现了一个问题：在他最初的模型上，它的"ABC"键这种排列，在打字员快速击键的时候，机械传递不及时常常引起键堵塞。肖尔斯不知道如何才能使各键互不干扰，他的解决办法是让打字员别打得太快。肖尔斯请求他的内兄重排键盘，不让最常用的字母考得太近，要让铅字连动杆能够朝相反的方向运动，这样他们就不会碰撞在一起堵塞机器。新的排列便是打字员今天使用的 QWERTY 排列。当然，尽管肖尔斯称新的排列是科学的，但其实它所完成的唯一任务就是让打字员的速度慢下来，因为几乎不管打英语的哪个词都要求打字员的手指在键盘上跨越更长的距离。遗憾的是，千百人的习惯成自然，QWERTY 键盘今天仍牢牢占据着计算机的输入领域，虽然有人早就设计出更科学的键位排列，却始终成不了气候。现代计算机键盘根本不存在机械传递不及时之类的累赘，但"QWERTY"键盘仍然是使用的最多的键盘布局方式，这是一个非常典型的"劣势产品占据初始位置从而战胜优势产品"的例子。

（3）演化理论的特征及应用

一般演化理论均有的特征是：研究对象是随着时间变化的变量或系统，理论探讨的目标就是为了理解引起这些变化的动态过程，特别是解释说明为何变量或系统达到目前这个状态以及是如何达到的。这些变量或者系统的变化既具有一定的随机性和扰动现象，又有通过系统的选择机制而呈现出来的一定的规律性。大部分演化理论的预测或解释能力多在于其选择过程，一般假设这个过程具有一定的惯性，同时这个过程也潜伏着突变的动力，从而不断产生新的演化因素。但是演化理论在生物界和经济管理学说体系中也是有所不同和侧重。比如代际概念的不同应用导致拉马克学说被演化经济学派的再次拾起等。

2.2.2 组织生态学与企业生态学

通过前文介绍我们知道，生态学在经济管理领域得到越来越多的应用。既然二者的研究具有一定的共通性，于是众多学者开始将生态学特别是生物进化论的理论体系用于各种组织的演化与发展上，这便是组织生态学。

---

① 斯坦·J. 利博维茨，斯蒂芬·E. 马戈利斯。键盘的寓言［A］．（美）史普博（Spulber, D. F.）．经济学的著名寓言：市场失灵的神话［C］．上海：上海人民出版社，2004。

（1）组织生态学

组织生态学是由 Hannan M. T. 和 John Freeman 在 1977 年创立的，重点研究组织种群和组织群落的演变规律。Hannan M. T. 和 John Freeman 几乎完全借用生态学的概念与分析方法，将组织种群的演化过程分为变异、选择和保留三个阶段①。Singh，J. V. 认为，组织生态学的基本任务是研究环境对组织的创建与消亡率的影响②。Carroll，G. R. 等则在 1991 年对美国啤酒产业 1633 ~ 1988 年的数据进行了实证分析③。Hannan 和 Carroll 在 1992 年系统研究了组织种群动力学，并建立的种群密度依赖公式④。Aldrick，H. E. 则在 1999 年对组织生态问题进行了具体分析与实证研究⑤。2000 年，Olav Sorenson 在 Hannan 和 Carroll 的种群演化过程合法化和竞争生态过程基础上增加了选择和组织学习两个过程。正如汉南和弗里曼所指出，组织生态学非常关注组织之间的差异性和多样性，认为这是组织长期繁荣的重要条件⑥。

（2）产业生态分析

在具体产业分析方向上，1995 年，Gregory N. Price 通过对美国黑人拥有的商业银行问题进行了实证分析，证明国家政策、黑人出生率和人口比例等因素对演化也有较大影响⑦。同年，Jocl A. C. Baum 则以通信服务业为例研究了新技术标准对企业种群发展的影响⑧。Carl M. Campbell 在 1996 年研究了美国政

① Hannan, M. T. Freeman, J. H. The population Ecology of Organizations ［J］. American Journal of Sociology, 1977 （82）, 926 ~ 964.

② Singh, J. V. Organizational Evolution: New Directions ［M］. Newbury park, CA: Sage, 1990.

③ Carroll, G. R., A. Swaminathan. Density Dependent Organizational Evolution in the American Brewing Industry from 1633 to 1988 ［J］ Acta Sociologica, 1991 （34）, 155 ~ 175.

④ Hannan, M. T., Carroll, G. R., Dynamics of Organizational Populations: Density, Legitimation, and Competition ［M］. New York: Oxford University Press, 1992.

⑤ Aldrich, H. E., Organizations Evolving ［M］. London: SAGE publications, 1999.

⑥ Olav Sorenson, The effect of Population – Level Learning on Market Entry: The American Autumobile Industry ［J］. Social Science Research, 2000 （29）, 307 ~ 326.

⑦ Gregory N. Price, The Determinants of Entry fro Black – Owned Commercial Banks ［J］. The Quarterly Review of Economy and Finance, 1995, 35 （3）, 289 ~ 303.

⑧ Jocl A. C. Baum, helaine J. Korn, Suresh Kotha, Dominant Designs and Population Dynamics n Telecomunication Services: Founding and Failure of Facsimile Transmission Service Organizations, 1965 ~ 1992 ［J］. Social Science Research, 1995 （24）, 97 ~ 135.

府经济条件对种群进化的影响①。1997 年 Hannan，M. T. 等人②③以及 Lyda S. Bigelow④ 等学者分别研究了欧洲与美国汽车种群的演化过程，并对产业发展的地区差异性做出了解释。Murray B. Low 等研究了企业种群的起源以及企业组织个体在种群演化不同阶段的进入问题⑤。P. A. Geroski 就美国汽车行业种群演化的动力学问题进行了实证研究⑥。Klepper S. 则在 2002 年研究了新进入企业与美国汽车产业的相互演化间的关系⑦。

（3）企业生态学

关于企业生态学的研究起源还要追溯至经济学与生态学的关系上。在经济等概念发源地的拉丁语系中，经济学（economics）与生态学（ecology）为同一词源。经济学 eco + nomics 中 eco 意为 family（家庭），是指人们居住在一起的一个群体单元，nomics 意为"科学"，因此 economics 即为"家庭管理的科学"。由于家庭是经济社会中的基本生命单元，于是 economics 经济学便成为研究空话与其生存环境相互关系的科学，也就是早期经济学中的家庭生态学（family ecology）。现在经济学家则把研究家庭的经济学称为消费者行为经济学。

社会形态由农业社会为主演化到资本主义时代，社会经济的另一个基本单元——企业也更多地进入学者们的研究视野，与此相应，企业也成为组织生态学重点研究对象，于是企业生态学也应运而生。企业的使命与存在目标是为家庭的消费及社会发展创造物质的和精神的财富。与家庭对应，企业是经济社会

---

① Carl M. Campbell，Ⅲ.，TheEffect of State and industry Economic Conditions on New firm Entry［J］. Journal of Economics and Business，1996（48），167～193.

② Hannan，M. T.，Carroll，G. R.，Dundon，E. A.，and Torres，J. C.，Organizational evolution in Belgium Britain，France，Gremany，and Italy［J］. American Sociological Review，1995（60），509～528.

③ Hannan，M. T.，Inertia，Density and the Structure of Organizational Populations：Entries in European Automobile Industries，1886～1981［J］. Organization Studies，1997（18），193～228.

④ Lyda S. Bigelow，Glenn R. Carroll，Marc–David L. Seidel，Lucia Tsai，Legitimation，Gelgraphical Scale，and Organizationsl Density：regional Patterns of Foundings of American Automobile Producers，1885～1981［J］. Social Science Research，1997（26），377～398.

⑤ Murray B. Low，Eric Abrahamson，Movements，Bandwangons，and Clones：Industry Evolution and the Entrepreneurial Process［J］. Journal of Business Venturing，1997（12，435～457）.

⑥ P. A. Geroski，M. Mazzucato，Modelling the Dynamics of Industry Populations［J］. International journal of Industrial Organizaiton，2001（19），1003～1022.

⑦ Klepper，S.，The Caplbilities of New Firms and the Evolution of the US Automobile Industry［J］. Industrial and Corporate Change，2002（11），546～666.

中又一重要的基本生命单元，于是经济学（economics）又是研究企业与其市场环境相互关系的科学，这就是"企业生态学"（enterprise/business ecology）。——经济学把研究企业的经济学称为企业经济学（enterprise/business economics）或管理经济学（managerial economics）。

企业生态学是研究企业与其所处的环境（自然、社会、经济）之间关系的学科，与组织生态有一定关联。一般生态学的核心研究对象是生命物种，涉及个体、种群、群落、生态系统多个层次。与之相应的企业生态学研究涉及：1）企业个体生态学：考察单个企业，研究企业与其环境系统之间的相互关系；2）企业种群生态学，考察同行业企业或产品具有替代功能的企业，研究企业种群中企业之间及企业在其所处的环境之间的相互关系；3）企业群落生态学，考察不同行业的企业或产品具有替代性、互补性、独立性功能的企业，研究企业群落中企业之间以及企业与其所处环境之间的相互关系；4）商业生态系统生态学，考察所有企业和所有消费者，研究由企业、消费者和市场环境共同构成的商业生态系统调节、稳定性和进化。杨忠直（2003）给企业生态学中的基本概念作了归纳，包括：1）企业种群成长；2）企业间相互竞争、寄生共存、捕食等关系；3）企业食物链网；4）企业适应性，适应性有趋同适应性和趋异适应性；5）企业进化，学习型进化和变革型进化；6）企业自适应和自组织；7）生态位理论，包括基础生态位和实际生态位。结合系统分析的原理，通过修改和创新生态学模型，对企业生产行为、生存竞争行为、适应性和进化、商业生态系统和商业生态工程等多方面进行分析①。

由于上文已经对种群等宏观层面的企业生态研究有过述评，这里将文献分析重点置于企业生态学更加微观的层面。

Baum J. A. C. 和 Singh 在 1994 年重点讨论了企业组织演化的层次，将组织演化分为组织内演化、组织演化、种群演化和群落演化四个层次②。美国学者 Seth Godin 对企业演化问题进行了分析，并借助生态学中基因学说提出了企业"记因（Meme）"的概念，同时比较了企业与生物进行演化的相同与不同之处③。1988 年 W. Brian Authur 对企业演变过程中的路径依赖和自我增强效应

① 杨忠直. 企业生态学引论 [M]. 北京：科学出版社，2003。

② Baum, J. A. C., Singh, J. V. Evolutionary Dynamics of Organizaitons [M]. New York：Oxford University Press，1994.

③ （美）塞思·戈丁（Seth Godin）. 公司进化 [M]. 沈阳：辽宁教育出版社，2003。

进行了开创性研究，认为细小或偶然的事情与事件通常会把企业发展引入特定的路径进而导致完全不同的结果①。L. Magnusson 和 J. Ottoson 对经济演化中的路径依赖性也进行了研究②。Bathelt，H. Malmberg 和 Maskell 在对锁定效应进行了研究后，将之分为功能性锁定、认知锁定和政治锁定三种锁定效应③。

国内研究方面，王玉对企业的生物性进行过初步的论述④。李朝霞也定性在研究过企业的进化与动力等基本问题⑤。梁嘉骅、葛振忠等学者就企业生态与企业个体间的发展关系有过论述⑥。韩福荣、徐艳梅对企业形态与组织进化进行了简要总结⑦。金雪军对企业组织结构的发展进行了专项论述⑧，杨忠直对企业进化的历史、动力、外部条件等均进行了相应研究与总结⑨。邓向荣曾对西方企业组织演化理论有过总结与述评⑩。李文华和韩福荣以协同演化规律实证研究过国内的计算机行业⑪。高洁与盛昭瀚建立了一个产品竞争的产业演化模型用于分析随着新企业的进入整个产业系统的变化状况⑫。刘洪⑬、阎敏⑭等学者各自均从系统演化的观点对企业发展问题提出自己的分析与建议。近些年来，张成考于 2006 年以 AHP 方法对企业生态化水平进行了模糊综合评

① Arthur, W. Brian, Self – Reinforcing Mechanisms in Economics ［A］. In Philip W. Anderson, Kenneth J. Arrow, and David Pines（eds.），The Economy as an Evolving Comples System ［C］. Addison – Wesley Publish Company, 1988.

② L. Magnusson and J. Ottoson（eds.），Evolutionary Economics and Path Dependence ［M］. Edward Elgar Publishing Limited, 1997.

③ Bathelt, H., Malmberg, A., and Maskell, P., Clusters and Knowledge：Local Buzz, Global Pipelines and The process of Knowledge Creation ［A］. Danish Research Unit for Industrial Dynamics（DRUID）Working Papers, 2 ~ 12.

④ 企业进化的战略研究 ［M］. 上海：上海财经大学出版社, 1997。

⑤ 李朝霞. 企业进化机制研究 ［M］. 北京：高等教育出版社, 1990。

⑥ 梁嘉骅, 葛振忠, 范建平. 企业生态与企业发展 ［J］. 管理科学学报, 2002（4）。

⑦ 韩福荣, 徐艳梅. 企业仿生学 ［M］. 北京：企业管理出版社, 2002。

⑧ 金雪军, 陶海青, 陆巍峰. 企业组织惯例演化及多重均衡 ［J］. 经济纵横, 2003（1）。

⑨ 杨忠直, 陈炳富. 商业生态学与商业生态工程探讨 ［J］. 自然辩证法通讯, 2003（4）。

⑩ 邓向荣. 企业组织演化理论评析 ［J］. 经济学动态, 2004（8）。

⑪ 李文华, 韩福荣. 企业种群间协同演化的规律与实证研究 ［J］. 中国管理科学, 2004（10）。

⑫ 高洁, 盛昭瀚. 产品竞争的产业演化模型研究 ［J］. 中国管理科学, 2004（12）。

⑬ 刘洪, 郭志勇, 徐晟. 企业系统演化及管理混沌理论的研究概述 ［J］. 管理科学学报 1998（12）。

⑭ 阎敏. 企业系统演化复杂性与企业发展问题研究 ［D］. 长春：吉林大学, 2004。

价①。2008 年，胡斌②和赵树宽③等人分别从复杂系统理论和 logistic 模型对企业生态系统演化进行了分析研究。2009 年，张玉明从耗散结构论研究了中小型科技企业生态位的选择与构建问题④。2010 年，王举颖论述了集群企业生态位态势的互动与协同进化⑤。2011 年，徐建中、王莉静和李玉琼、朱桂龙等人分别研究了企业生态化的协同发展机制及模式以及企业生态系统的竞争与共生战略模型⑥。

从以上文献的整理中可以看出，种群生态学、产业生态学、组织生态学、企业生态学等研究内容是经常混杂在一起的，而且一定程度上存在着语义重叠和混用现象，只是随着研究内容和研究方法层次的不同而有所差异：有的是以企业演化为研究对象，有的并没有特定的研究对象区分而统称为组织演化，有的重点关注组织种群与群落演化等较为宏观层面的演化规律，有的则具体分析对各演化对象的影响因素。

2.3 企业战略生态与行为生态学

2.3.1 企业战略生态

战略生态研究有助于企业经营管理者摆脱战略近视，以生态思维指导企业的战略竞争行为，有助于拓展企业的管理视野，提升企业管理的决策层次，国内外的学者均有开展相关领域的研究。

（1）国外研究方面

在国外相关研究方面，在商业管理领域，Paul Hawken 在 1994 年其著作《商业生态学：可持续发展的宣言》中，利用生态思想系统探讨了商业活动与

---

① 张成. 基于 AHP 法企业生态化水平的模糊综合评价 [J]. 科技管理研究. 2006 年第 7 期。
② 胡斌. 基于复杂系统理论的企业生态系统动态演化研究 [J]. 商业研究. 2008，11。
③ 赵树宽. 基于 logistic 模型的企业生态系统演化分析 [J]. 工业技术经济，2008，10。
④ 张玉明. 耗散结构论视角下中小型科技企业生态位选择与构建 [J]. 科技管理研究，2009，1。
⑤ 王举颖. 集群企业生态位态势互动与协同进化研究 [J]. 北京理工大学学报（社会科学版），2010，8。
⑥ 徐建中、王莉静. 企业生态化协同发展机制及模式研究 [J]. 华东经济管理，2011，10。

环境问题的相互关系，并倡导创造一个可持续发展的商业模式①。James F. Moore 则在 1996 年著作《竞争的衰亡：商业生态系统时代的领导与战略》中首次提出和定义了"商业生态系统"的概念②。1997 年，布达佩斯俱乐部的创始人 Ervin Laszlo 在其著作《管理的新思维》中就组织原则、战略原则、经营原则三个方面提出了进化管理的十八项原则③。随后，1998 年 Ken Baskin 发表《公司 DNA：来自生物的启示》一书，提出了"市场生态"的概念④。Richard L. Daft 在 1998《组织理论与设计精要》这本著作中更是利用种群生态学的概念论述了有关组织间冲突与协作、"组织生态系统"演化以及正在出现的学习型组织等新的观点和方法⑤。基于同样的研究范式，2001 年 Ronald K. Law，MD 出版了其新著《企业生理学：企业活力探源》⑥。

在品牌学研究领域，世界著名品牌战略专家 David A. Aaker 在 1998《品牌领导》一书中也提出了基于单个企业品牌系统的"品牌群"概念⑦。随后，Winkler，A. M 在其著作《快速建立品牌》中提出和探讨了"品牌生态环境"的概念和管理问题⑧。

在传统战略理论面对战略环境的动荡和复杂性束手无策时，也陆续有些前沿的战略学者尝试用战略网络的方法来创新现有的战略逻辑。首先提出战略网络概念的是 J. C. Jarillo 在 1988 在《战略管理杂志》上发表"战略网络"，把

---

① （美）保罗·霍肯（Paul Hawken），夏善晨等译. 商业生态学［M］. 上海译文出版社，2001～09。

② （美）詹姆斯·弗·穆尔（James F. Moore），梁骏等译. 竞争的衰亡［M］. 北京出版社，1999～01。

③ （美）欧文·拉兹洛（Ervin Laszlo）等，文昭译. 管理的新思维［M］. 社会科学文献出版社，2001～04。

④ （美）肯·巴斯金（Ken Baskin），刘文军译. 公司 DNA：来自生物的启示［M］. 中信出版社，2001～01。

⑤ （美）达夫特（Richard L. Daft），李维安等译. 组织理论与设计精要［M］. 机械工业出版社，1999～10。

⑥ （美）罗启义（Ronald K. Law, MD），王晓路译. 企业生理学：企业活力探源［M］. 新华出版社，2001～05。

⑦ （美）大卫·A·艾克（David A. Aaker）等，曾晶译. 品牌领导［M］. 新华出版社，2001～04。

⑧ （美）温克勒（Winkler, A. M），赵怡等译. 快速建立品牌［M］. 机械工业出版社，2000～08。

企业网络的思想引入战略研究之中①。N. Nohria 认为企业是多元关系的联结，企业的行为和战略必须是根据其所在的网络特性及其本身在这个网络中角色、位置来决定的。网络对企业既是一个机遇，也是一个约束，企业的行为和绩效受其所在网络的限制，反过来企业对网络的贡献又促进网络的计划，在网络计划中又使企业受益②（尽管使用的是不同管理用语和词汇，这其实与生态学中关于协同演化的研究理念是相相通的）。而 RS.Burt（1992）则从网络理论来认识企业的战略网络及其结构，认为网络是形成有价值的"社会资本，企业网络及其关系是自身拥有的资源"③。R. Gulati 在 2000 年总结基于企业网络的战略管理研究的基础上，强调战略网络在战略管理中的作用，他把战略网络定义为由那些具有持久性的具有战略意义的组织节点④。

（2）国内研究方面

在国内研究方面，孙成章于 1996 年出版了其著作《企业生态学概论》⑤。王子平同年出版《企业生命论》，系统地提出了"企业生命"的内涵、组织等新思想⑥。王玉在其 1997 年出版了《企业进化的战略研究》一书，系统研究了企业的进化特性及其机制⑦。王兴元则将生态学应用到营销领域，提出了"名牌生态"的概念⑧。李朝霞于 2001 年出版了著作《企业进化机制研究》⑨。梁嘉骅在《管理科学学报》上发表了"企业生态与企业发展"，对企业及其战略环境的生态特性进行详细阐述⑩。2002 年，谢洪明发表了论文"企业战略的抽象群及其演化引论"引入了"战略生态"一词⑪。2003 年，张嫘等人在《科学学研究》、《科学学与科学技术管理》提出"战略生态学"的系统研究

① J. C. Jarillo. On Strategic Networks ［J］. Strategic Management Journal, 1988, vol（13）.

② N. Nohria. Networks and Organizations: Structure, Form and Action ［M］. Harvard Business School Press, Boston, 1992.

③ R. S. Burt. Structural Holes: The Social Structure of Competition ［M］. Harvard University Press, Combridge, 1992.

④ R. Gulati etc. Strategic Networks ［J］. Strategic Management Journal, 2000, vol（21）.

⑤ 孙成章. 现代企业生态概论 ［M］. 经济管理出版社, 1995.09。

⑥ 王子平等. 企业生命论 ［M］. 红旗出版社, 1996~05。

⑦ 王玉. 企业进化的战略研究 ［M］. 上海财经大学出版社, 1997~10。

⑧ 王兴元. 名牌生态系统初探 ［J］. 中外科技信息, 2000:（2）。

⑨ 李朝霞. 企业进化机制研究 ［M］. 北京图书馆出版社, 2001~09。

⑩ 梁嘉骅等. 企业生态与企业发展 ［J］. 管理科学学报, 2002:（2）。

⑪ 谢洪明等. 企业战略的抽象群及其演化引论 ［J］. 来源: dobig 网站, 2002。

内容①。并指出由于传统战略理论的缺陷，建议以生态理论和思维来洞察企业战略的生态特征②。2005 年，申智③和张锐④等人对战略生态管理主要内容进行了相关文献整理。谢洪明、刘跃所则从战略网络的角度研究了企业的战略生态与战略行为⑤。2009 年高丽，潘若愚论述了战略生态系统的复杂性⑥。2010 年，丁青与吴秋明则对企业战略的生态系统和支撑体系进行了研究⑦。2011 年，李玉琼、朱桂龙研究了企业生态系统的竞争与共生战略模型⑧。

2.3.2　关于行为生态学的研究

行为生态学是一门在近年才发展起来的新兴学科，但这门学科一经问世便显示了强大的生命力。行为生态学（behavioural ecology）是研究生物行为与其环境的相互关系，研究生物在一定的栖息地的行为方式、行为机制、行为的生态学意义的科学⑨。换句话说，行为生态学是研究生物的行为功能、存活值、适合度和进化过程的科学，是行为科学与生态学交叉，并涉及生理学、心理学、遗传学、进化论、社会学和经济学的学科⑩。行为生态学的一个重要特点是将生态学与行为学、进化论、遗传学紧密结合在一起，并引入经济学思想，探索出了许多新的理论和观念。如进化稳定对策、博弈论、频率制约、最适模型、经济可保卫性、两性利益冲突、亲缘选择、广义适合度、利他主义、行为权衡和决策以及基因的自私性等⑪。

行为生态学的研究在国外也只有一二十年的历史，在国内则刚刚处于启蒙和起步阶段，对国内生态学原有的研究范式是个极具拉动作用的启迪与促进。行为生态学主要研究生态学中的行为机制和动物行为的生态学意义和进化意

---

① 张燚、张锐. 战略生态学：战略理论发展的新方向［J］. 科学学研究，2003：（1）。
② 张燚、聂锐. 企业战略的生态透视［J］. 科学学与科学技术管理，2003：（5）。
③ 申智，谢江波. 战略管理理论新思维——战略生态管理［J］. 西安建筑科技大学学报（社会科学版），2005，6。
④ 张锐. 战略生态管理：内涵、实质及主要内容［J］. 云南财贸学院学报，2005，2。
⑤ 谢洪明，刘跃所. 战略网络、战略生态与企业的战略行为［J］. 科学管理研究，2005，2。
⑥ 高丽，潘若愚. 战略生态系统的复杂性探讨［J］. 科技进步与对策，2009，3。
⑦ 丁青，吴秋明. 企业战略生态系统及其策略支撑体系［J］. 系统科学学报，2010，10。
⑧ 李玉琼. 企业生态系统竞争共生战略模型［J］. 系统工程，2011，6。
⑨ 尚玉昌. 行为生态学新进展［J］. 生态学进展 1989，6（1）：1～6。
⑩ 尚玉昌. 行为生态学，现代生态学透视（马世骏主编）［M］. 北京：科学出版社，1990。
⑪ 尚玉昌. 经济学思想和方法在行为生态学中的应用［J］. 应用生态学报 1991，2（4）：367～372。

义。动物的行为特性不仅受遗传和环境两方面影响，而且也是在长期进化过程中通过自然选择形成的。达尔文在1859年出版的《物种起源》和1872年出版的《人类及动物的表情》①等著作中，充分注意到了行为的进化。尽管达尔文生前对一些利他等行为未能从理论上很好地解释，但达尔文坚信不管表面看起来复杂和不可思议的行为，都是经过一个进化和自然选择的过程。行为生态学地最新发展证明，达尔文的这种观点是正确的。

行为生态学的最新研究成果，如关于进化稳定对策（ESS）的研究、动物行为经济和最适模型的研究、竞争者之间相互适应的协同进化过程研究等，均是我们可以借鉴应用的有效工具与模型。可以说，行为生态学是处在行为、生态学和进化的交叉点上，从这种意义上说，可以将生态学看成行为发生的舞台，把进化看成是一种过程，在这个过程中被选择下来的行为，将能使动物在为增加自身基因在种群基因库中比例的竞争中取得优势。

2.3.3 行为生态学视角下的企业战略演化路径

在企业战略管理的理论丛林中，尽管各学派彼此纷争，研究范式与并未统一，但是目前学界普通采用的关于企业战略的定义却基本一致——竞争环境中为适应未来的发展变化，求得长期生存与发展而进行的整体性决策。通过前文关于企业战略管理的文献梳理分析，我们认识到企业战略演化的实质就是企业战略与变化下的环境的动态匹配过程。从这个分析与论断我们可以很清晰地看出，企业战略管理与行为生态学的研究范式是相通的，都是在研究个体与环境的相互匹配过程及其规律。

从以上关于企业战略的定义分析中我们发现，生态学中的生态位理论与企业战略管理理论有着非常紧密的联系。从企业战略层面上讲，生态位作为企业的直接环境，是企业决策与环境互动的直接受力物和反作用物②。Baum. Joel认为企业自成立之初就具备了一些固定的性质，这些性质不是单纯以创建人的意愿为导向，而是系统整合的结果，是企业一种客观的状态③④。根据

① 达尔文. 人类和动物的表情［M］周邦立译. 北京大学出版社，2009。

② 钱辉. 生态位、因子互动与企业演化［M］. 浙江大学出版社，2008。

③ Baum, Joel A. C. and Jitendra V. Singh. Organizational Niche and the Dynamics of Organizational founding［J］. Organization Science, Vol. 5, No. 4, 11. 1994.

④ Baum, Joel A. C. and Jitendra V. Singh. Organizational Niche and the Dynamics of Organizational mortality［J］. American Journal of Sociology, 100：346～380. 1994.

Burgelman Robert 的观点，以上客观存在能否达到均衡一致，以及均衡的程度，构成了战略管理的任务①。由此观之，企业战略管理应包括两个层次的内容：一是与企业固有属性的契合，二是与企业对应生态位的匹配。企业固有属性的契合通常是企业使命与目标层面的内容，企业要基于固有性质制定一个与之相符的使命和目标，这一层面的内容变动不经常发生，具有相对的稳定性；与企业生态位的匹配指的是战略方案分析、制定、选择与实施等内容，此类内容是对企业具体经营行为的指导，即引导企业在最适合自己的生态位上活动，这一层面的内容变化较多、较快，具有动态性。理论上讲，以上两个层面的内容在企业战略管理过程中是统一进行的②。但在实际应用中，往往可能是分离操作的，从而造成企业经营行为方向与企业固有属性的背离。而企业自身的固有属性决定了其基础生态位，如果企业战略不遵照这一固有特性制定，则企业行为就会脱离自己的生态位，从而成为企业生存与发展中的不稳定因素。虽然不一定会迅速导致企业失败，但却加大了经营风险，削弱了企业的可持续性发展。因此，Hannan 指出一方面企业制定战略时要充分考虑自身的属性，以实现在相应生态位上的适应与发展；另一方面，如若原有生态位弱化、流逝，或者企业实力发生了变化，企业在原有生态位上已不能再有好的发展，那么企业战略有必要在企业能力可以辐射的范围内找寻替代生态位目标，并根据此目标整合企业，促使企业固有性质的调整，以实现企业生态位的跃迁③。要想实现性质——生态位过程的不断循环与增强，企业首先要剖析自我，把握自身深层次的内涵；其次要了解自己的生态位，对自身和环境关键要素信息有较深刻的把握。最后要根据企业的实力和能力辐射范围，同时考虑系统均衡的动态性和演化性，制定与之相符的发展战略。概言之，企业战略管理就是"围绕'做什么、如何做、由谁做'这一中心命题，通过个人与组织的'当下'主观努力，把握企业'此前'与'此后'的内在演化关系。"实现企业本身与环境的和谐统一，完成主观努力到客观现实的转换。

　　最后需要指出的是，传统演化生态研究范式在分析企业演化与企业战略演

　　① Burgelman, Robert A. intraorganizational Ecology of Strategy Making and Organizational Adaptation：Theory and Field Research ［J］. Organization Science. 1991 Vol. 2, No. 3, August.

　　② 项保华. 战略管理——艺术与实务 ［M］. 北京：华夏出版社，2003。

　　③ Hannan, M. T. , Glenn R. Carroll. The Organizational Niche ［J］. Sociological Theory. 2003 Dec, Vol. 21 Issue4, p. 309.

化存在一定的不足。在以演化生态观研究企业及产业演化问题时，学者们多是采取传统生物学研究方法，借助生物群体研究中"以种群的进入退出及种群数量的变化作为测量指标"的研究模式，也将企业的生与死或者产业群中企业数量的变化作为研究测量指标。但是，如此研究模式恰恰将企业研究中的最关键的价值点丢掉了。因为这样研究模式的一个研究假设便是企业的同质性，也即是说如此研究的前提是将各个不同企业视为同一社会角色来进行的。这样的研究范式和定位对从事宏观经济学研究的学者们来说可以说无可厚非，但是对从事企业战略的管理学者们来说则是一点理论与实践价值都没有，对企业实践经营也无任何指导意义。因为企业与企业经营业绩的不同，正是因为其"异质性"而非"同质性"。这种异质性通过二种方式体现出来：一是通过不同的企业个体，比如市场竞争中的 A 企业与 B 企业。二是通过同一企业不同时段经营方式的变化体现出来。在这两种体现方式中，后者在内涵上的变化是传统演化研究范式所体察不到的。但是，过细的分类又会使研究路径过于繁杂，所以该书借助"企业战略的演化"来统一界定。如此既能关注到不同企业的变更，也能将企业不同阶段战略的变革纳入研究视野。——同一企业的不同阶段，其战略是允许而且也必须发生变化的。比如 IBM 公司，以前是 International Business Machines，现在对自己公司名称和战略的解读是 Intelligence Business Management，如此看来，尽管 IBM 公司没有发生或者破产的变化，但是今天的 IBM 显然与以前的 IBM 有很大的不同。其企业的战略发生了非常大的变化，这种变化如果用以前"以企业的注册或破产数量"来研究衡量显然是无效的，因为这种方式看不到今天的 IBM 与昨天的 IBM 有何不同。

所以，我们借助行为生态学的最新理论与工具，以"企业战略演化"统一界定企业生与死以及重大经营变化等行为，并调整和取舍演化生态学中有关的概念与顺序，将企业战略的演化分为四个主要阶段。分别是：企业战略的变革与创新，竞争对策与协同竞争，市场对企业战略的选择，以及企业战略的学习与传衍。这四个步骤构成企业战略演化的范式主体与基本内容。

2.4 本章小结

这一章为相关文献的综述部分，考虑到选题方向所涉及的相关知识体系，这一单元内容重点梳理了生态学、行为生态学和企业生态学的基本研究内容和研究范式。并与企业战略管理理论的文献整理相对照，论述了以行为生态学的方法和工具研究企业战略演化的合理性与科学性。同时，结合演化经济学和组织生态学理论，初步描绘出企业战略演化的基本路径。以作为下面四个章节的基本内容构成分布。

第三章

变革与创新

与生物学中的生态研究将变异作为遗传阶段中一个子变化因素不同，我们这里将变革与创新作为企业战略演化过程与循环的第一阶段。企业战略的变革与创新可以通过两种方式实现：一是企业主体的新旧更替，二是同一企业主体内的创新与变革。前者是生物学特别是种群生态学的研究范式，后者是创新学派对企业战略管理理论的贡献。基于企业长青的考量，创新理论的研究成为近年理论界及企业界关注的热点，企业内的创新管理也成为学者研究的新课题。

3.1 企业战略变革的模式与途径

3.1.1 企业战略的变革模式：企业更替与内部创新

实际上，企业战略的变革是通过两种模式得以实现的：一是企业主体的新旧更替，二是同一企业主体内的商务模式变革。

在达尔文的生物学体系内，生物的变异，特别是可遗传的变异，都是在生物体的遗传阶段由物种变异形成（达尔文当时错误地认为不存在不连续的变异或突变，而随着生物学的研究进展，现多以基因突变来界定这一概念）。因此，凡是生物的变异，都需要通过"代际"来加以完成。而研究代际变化一般由两个生物学知识体系构成：一是种群生态学，用于研究不同阶段某一种群中生物体数量的变化规律，主要通过种群密度等指标进行量化研究；二是遗传生殖中关于个体的变异，用于研究在生物体演变过程中个体的变化以及变化后个体的竞争行为与竞争优势，这部分内容在下文关于生物的生殖对策与借鉴中再予以详细论述。在这两部分的生物学知识体系中，前者的研究方式现多为研究产业经济学和区域经济学所借鉴，用以研究产业集群等企业群落的集聚与厂商行为。与研究整体社会经济的宏观经济学和研究企业战略管理的微观行为相比，可以称之为相对"中观"的产业研究。一般而言，其研究领域与对象更让政府产业主管部门感兴趣。而对于企业经营实践者来说，后者的研究他们更感兴趣，也即是说，企业实践的从业者们更感兴趣的是集群或称集合中企业个体的厂商行为与商务模式的学习与借鉴。从逻辑与价值上分析，也正是由这些健康个体组成的产业，才可能是健康的产业，由这些一个一个健康产业组成的整体国民经济，才可能是一个健康有竞争力的国民经济体。

在企业主体的新旧更替中，每一个企业的存在与发展过程都是对其战略进行市场验证的过程，随着企业的创立、发展和破产，也便完成了企业战略的演化阶段与历程。但是，与生物体的变异都需要通过"代际"来加以完成，不同的是，企业战略的创新与变革是可以在"代内"加以完成的。这也是为何"拉马克"学说在这一阶段比"达尔文学说"更受到企业研究人士垂青的原因。拉马克主义者欣赏"用进废退"和"获得性遗传"的演化思想，认为企业会有意识地改变自己以适应环境的变化，企业变异和战略的选择也不是无方向和随机的，而是通过有意识地分析外部环境和自身特点完成有方向性的发展与变革。同时，拉马克主义者认为企业主动变异后获得的功能可以遗传下来。

其实，我们最关心的不是拉马克与达尔文学说的谁是谁非，而是哪个学说与知识体系对企业创新的管理更有借鉴价值。所以，我们可以放开企业的"代际"与"代内"问题，因为无论是代内还是代际，从企业战略的视角来说，都是完成了同一使命，即企业战略的演化。那么，从企业战略演化的角度来看，在完成这一演化过程中，有什么是研究者应该予以关注和借鉴的呢？其实，在这一领域的知识体系中，除了下节单元中的生物生殖策略外，我们从生物生态学中可以借鉴的有价值内容并不多。我们并不想仅仅因为题目和选题的因素非要"按图索骥"的生搬硬套而对其他更有价值学说视而不见，基于这一考虑，我们将目光转向熊彼特的创新学派及其理论。

正如文献综述所指出，演化思想被引入管理研究领域，并逐渐作为一个独立的研究对象存在，最早可追溯到约瑟夫·熊彼特（Schumpeter，1934）对创新过程的研究。熊彼特以创新作为经济变化过程的实质，把经济发展的本质视为一种动态演进的过程。同时他又提出了"产业突变"概念，认为经济发展的质变可以是渐进的，也可以是非连续的，创造性毁灭过程是资本主义的基本事实。从而把生物演化理论正式地引入了经济发展研究领域。此后，组织和战略管理学家们在对企业发展进行类比研究时开始运用生物学理论。

熊彼特认为，所谓"创新"，就是"当我们把所能支配的原材料和力量结合起来，生产其他的东西，或者用不同的方法生产相同的东西"，即实现了生产手段的新组合，产生了"具有发展特点的现象"。也即"企业家把一种从来没有过的生产要素和生产条件实行新的组合（a new combination），从而建立一种新的生产函数（the setting up of a new pr oduction function）"。熊彼特赋予了"创新"概念特殊的内涵，主要包括以下五种情况：（1）采用一种新的产品，或一种产品的一种新的特性；（2）采用一种新的生产方法；（3）开辟一个新的商品市场；（4）掠取或控制原材料或半制成品的一种新的供应来源；（5）实现任何一种工业的新组织，例如造成一种垄断地位，或打破一种垄断地位。创新具有资本主义经济发展自身的内在的创造作用。但是，任何创新势必是对旧的生产结构的破坏，因此，它总是一种"产业的变异"。另一方面，创新过程固然会对旧结构起着破坏作用，但它本身却是"新组合"或新结构的创立过程，故熊彼特又把它称之为"创造性的破坏过程"①。

　　熊彼特的研究对象有别于传统的"经济学说史"或"经济思想史"，而是"经济分析史"。所谓经济分析史，是指"人类为了认识经济现象在心智方面所作的努力的历史"。熊彼特极其反对"唯科学主义"精神，他痛斥那种认定经济学是一门自然科学，而不加批判地抄袭物理学方法的做法。在他看来，一门学问之所以具有"科学性"在于它掌握了技巧或技术。

　　金融危机过后，由英国著名的制度经济学家 Hodgson 教授牵头的 12 名英国知名经济社会学者联名写信答复英国女王"为什么没有人预见到信贷紧缩"的提问，在长达 3 页的信中学者们坦陈经济学家本身的培养及文化中存在的缺陷铸就了今日的危机——"我们缺乏的是由一套丰富的知识体系形成的一种专业智慧，该知识体系需要对心理学、体制结构和历史先例熟谙于心……对经济学家狭隘的培养——即只关注数学技术工具和构建无约束的正式实证模型——成为了我们这个职业失败的主要原因"②。而保罗·克鲁格曼则犀利地批判道，"经济学家们错的这样离谱"是因为"经济学家们总体来说错误地用漂亮的数学模型所装饰的美代替了对真的追求"③。中欧国际工商学院经济学

　　① 约瑟夫·熊彼特. 经济发展理论［M］. 何畏，易家详等译. 北京：商务印书馆，1999：72～75，103～104。

　　② Geoffrey M. Hodgson. 全球经济危机的"女王难题". 中国经济 2009，9，17。

　　③ 保罗. 克鲁格曼. 经济学家们怎么如此离谱？［J］. 经济学动态 2010，10。

教授许小年解读2009年诺贝尔经济学奖时说:"数学模型在现代经济学的应用已经有些泛滥了。数学只是一种工具,不能替代思想的价值。模型高手和经济学大师的区别就如同工程师和设计师的区别,谁都知道哪个更有价值。经济学已经越来越数学化,模型几乎成了通行证,这次颁奖给两位强调经济思想的洞察力(insight),强调经济理论对经济现象的解释力,而不太使用数学模型的奥利弗·威廉森(Oliver Williamson)和埃莉诺·奥斯特罗姆(Elinor Ostrom)似乎有些特别。"也许这是人们在经过经济危机教训后一种从数学模型崇拜到洞察力认知的理性回归吧①。

从离我们最近的这次经济危机所引发的经济学学术思想回归事件来看,熊彼特关于经济学本质和研究方法的"先见之明"无疑为我们提供了一些中肯的回答和建设性的意见!

3.1.2 企业战略的形成途径——战略的设计与适应

关于生物变异的认识,达尔文当时错误地认为不存在不连续的变异或突变,而随着生物学的研究进展,现在多以基因突变来统一界定——其实渐进性的变化与突变都是现实发生的,前者更具方向性,后者更具革命性,是一种不同状态下的不同反应。学者曾认为二者无法统一到同一理论中去,但随着耗散理论的研究进展,二者被认为是平衡态和远离平衡态两种状态下的不同表现。

关于企业战略变革与创新的模式,不同学界也是争论不一,有的学者认为规划至上,有的学者坚持适应第一。规划主义者认为凡事都有其规律,包括创新,也应该有一套创新管理的模式与体系。适应主义者认为,所谓创新要的就是突破以往的认知,因此那些所有尝试对创新的管理都是在抑制创新。爱因斯坦就曾表示,对创新最有效的所谓管理模式就是去除所有制约创新的条条框框。

以上争论延展到创新的来源问题,才陆续梳理出一些共识性的认识。自从1934年熊彼特提出创新的概念以后,对于创造性解决问题的本质,描述得最清晰的是爱德华·德·波诺,他点出创意方案的不对称性:任何有效的创意在事后看符合逻辑,但我们不能认为逻辑能让我们达到目标。有创意的方案大都

---

① 余力. 一次并不特别的评奖. http://www.infzm.com/content/35880 2009 – 10 – 14 19:21:00。

是，"意料之外，情理之中"①。而组织的成果如何有创意，或者说企业创新与创意的来源，公认最有启示的是彼得·德鲁克在1985年《创新与创业精神》中所描述的②。德鲁克指出，创新机遇源自七个来源：前四个部分来自企业或组织内部，分别是：1）出乎意料的情况；2）不一致；3）程序需要；4）产业与市场结构。后三个是来自外部，分别是：5）人口的统计数据；6）认知的变化；7）新知识。Freeman and Roberts（1988）则给予创新一个简洁明了的定义：Innovation = Invention + Commercialization，即创新包括发明和商业化两个过程③。而Rothwell在2000年总结了从50年代以来关于创新来源的发展，并将其分为五个阶段：第一阶段是技术推力。发展时期主要在50年代末期至60年代中期，技术推动表现为一种简单的线性关系：始于基础研究——经由应用研究与制造——直到商业化的新产品在市场上销售。第二阶段是市场拉力。从60年代末期至70年代初期，由于市场竞争激烈，这一时期创新焦点已由技术推力转移到市场和顾客。形成由顾客决定需求而由生产技术来作回应的创新局面。技术创新在企业的创新中不再扮演主动的角色，反而被动地配合市场需求。第三阶段定义为连结模型。从70年代中期至80年代初期，这一时期的创新呈现为连结了技术推力和市场拉力的模型。第四阶段是整合模型。从80年代中期至90年代，由于环境变化速度过快，企业开始重新思考创新策略，认识到创新并非是一个接一个的程序，而须在企业内跨部门同时进行。创新的整合模型已将营销部门和研发活动紧密地连结起来，并且强化了模型中供应端和顾客端的紧密关系。第五阶段是系统整合网络模型。这一创新以整合模型为基础，建构了与供应商和顾客的策略性伙伴关系，并运用专家系统，以共同投入市场营销调查工作。这个模型强调弹性与速度，以品质和其他非价格因素作为发展的重点④。而在2000年至2010年的这十年间，在创新及商业推广方面唱主角的则不得不提到各种各样的创投基金以及由此带来的商业模式的变迁。通过对近十年创投基金投资策略的变迁与反复的研究，我们发现市场拉力和技术推力是企业创新来源的两股基本力量，尽管专家学者对于二者谁在创新

---

① （英）爱德华·德波诺．横向思维法：冲破逻辑思维的束缚［M］．北京三联书店，1991。

② 彼得·德鲁克．创新与创业精神［M］．上海人民出版社．2002。

③ Freeman，c. The Economics of Industrial Innovation. Baltimore：Penguin. 1974.

④ Rothwell. R. Towards the 6flh—genPrdti0n innovation process，International Marketing Review. London，Vo111 No. 1.（2000）．

上更占主导地位的意见不一，但实践表明，当前的企业在创新来源上，并非完全由单向的技术推力或单向的市场拉力所主导，而是同时并存着"技术推力"、"技术推力与市场拉力"以及"市场拉力"这三种机制①。而且在新世纪的这十年间，外包、众包、平台开放、商业生态圈建设等战略竞争行为表明，创新的来源与途径越来越多，越来越难以规划，体现出一种"创新丛林"的现象。面对这种超出人们以前认知范围的创新大潮，人们对创新的管理更是愈发没有自信。最终，战略实践者和学者开始将目光移向生态学理论，开始探究创新与战略行为演化背后的元规则与潜在规律。

与此相类似的是国内关于战略与战术的关系问题的反思。多少年来，一般意义上人们的共识是战略在先战术在后，先有战略规划后有战术，战略决定战术。但是随着企业实战派对经营实践的总结与反思，提出了"战术生成战略"的观点。这也是从另一个角度带来的关于"企业战略创新与变革的来源问题"的思索与回答。实践学派提出了一个现实疑问"企业战略到底是规划出来的，还是在实践中总结出来的?"对此，营销战略管理实践学派的代表人物刘春雄和金焕民提出了一些颇具启发性的观点：从后往前看，成功的企业都有战略。从前往后看，有战略的企业不一定都成功了；创业前的想法，在创业后的实践中发现80%不可行；创业后的做法，80%都是创业前没有想过的；远大目标不是战略，理想不是战略。即使远大理想已经实现了，也不能认为理想就是战略。战略是寻找或发现合理的理想（目标），战略是在理想和现实之间建立联系，战略是找到从现实到理想的路径②。

其实，在战略制定阶段的输入因素中，自身能力以及战略的可行性一直都是一个非常值得关注的问题。定位论专家特劳特在《营销革命》提出来一个重要观点：战略是成功战术的一致化③。特劳特的观点初听令人错愕，仔细琢磨觉得非常在理。确实，你会做什么事，你有什么样的本事，你才制订什么样的战略。对于公司层面的战略战术而言，战术在基层，战略在高层。特劳特所指的"一致化"，就是基层某个人、某个部门的成功的战术提升到公司层面推广，这就是战略。怎么才能发现基层成功的战术呢? 特劳特告诉我们：要有副

---

① 何强．基于生态视角的企业创新行为模式研究［J］．科技管理研究．2010，1。

② 刘春雄．弱势营销：战略隐藏于战术之中．销售与市场．2011年04月。

③（美）里斯·特劳特．营销革命［M］（Bottom–Up Marketing）．中国财经出版社．2002，1。

总裁级以上的人"深潜"基层。即使基层找到了成功的战术，但由于他们的视野有限，他们对公司整体的了解有限，很多成功的战术，其价值只属于个人。但副总裁级以上的人就应该能够发现并提升到公司层面。

所以说，在战略的制订阶段，战术决定战略；在战略执行阶段，战略决定战术。——战术决定战略，解决了战略的源泉问题，解决了战略从何处来的问题。回答了这个问题，也便对企业战略演化过程中战略的变革与创新问题有了一个极富实践价值的理解与明晰。

3.2 生物的 r－K 对策与企业创新模式

3.2.1 生物的 r－K 对策

生物的 r－K 生殖对策是基于生物生活史对策的分析与生态学发展史中著名的逻辑斯谛方程（Logistic equation）而来的。该方程由 Verhulst（1938）和 Pearl and Reed（1920）各自独立地用同一个模型描述种群的增长过程。

逻辑斯谛（Logistic）方程，即常微分方程：

$$\frac{dN}{dt} = r\frac{N（K-N）}{K} \qquad\qquad 公式（3-1）$$

式中 N 为种群个体总数，t 为时间，r 为种群增长潜力指数，K 为环境最大容纳量。

以上方程用于描述当一个物种迁入到一个新生态系统中后，其数量发生变化的过程。假若该物种的起始数量小于环境的最大容纳量，则数量会增长。增长方式有如下两种：一是 J 型增长。若该物种在此生态系统中无天敌，且食物、空间等资源充足（理想环境），则增长函数为 N（t）＝n（p^t）。其中，N（t）为第 t 年的种群数量，t 为时间，p 为每年的增长率（大于 1）。图象形似 J 形，因而得名；二是 S 型增长。若该物种在此生态系统中有天敌，食物、空间等资源欠充足（非理想环境，即现实环境），则增长函数满足逻辑斯谛方程，图象形似 S 形。此方程是用于描述在资源有限的条件下种群增长规律的一个最佳数学模型。

该模型不仅在自然科学中，甚至在社会科学中都得以广泛应用。在自然界和人类社会中都存在的 S 型变化现象，逻辑斯谛模型几乎是描述 S 型增长的唯一数学模型。这是一条连续的、单调递增的，但参数 K 为上渐进线式的 S 型曲线。其变化是一个开始增长较慢，中间段加快增长速度，以后增长速度下降并且趋于稳定的过程。

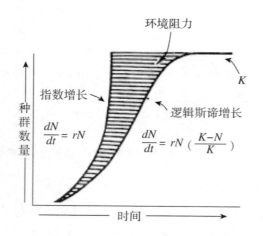

图 3 - 1   生物种群的逻辑斯谛增长

　　基于以上的各种阶段，对生物的生活史对策和生殖策略有着不同的区分和命名。生物的生殖对策一般有两种：（1）生活在外部条件严酷和不可预测环境中的种群，其死亡率通常与种群密度无关，种群内的个体常把较多的能量用于生殖，而把较少的能量用于生长、代谢和增强自身的竞争能力。（2）生活在条件优越和可预测环境中的种群，其死亡率大都由与种群密度相关的因素引起，生物个体之间存在着激烈竞争，因此种群内的个体常把更多的能量用于除生殖以外的其他各种活动。（这些规律在人类社会的发达国家和发展中国家人口现象中也有所体现）前者所说的就是 r 对策种群，因为它的种群数量多处于逻辑斯谛增长曲线的上升阶段，r 是取英文名词 reproduction 一词的词头，表示生殖力强。后者是 k 对策种群，因为它的种群数量常常稳定在逻辑斯谛曲线渐近于 K 值（环境负荷量）的附近，因此得名。

　　属于 r 对策的生物特征通常是短命的，寿命一般不足一年，它们的生殖率很高，可以短时间产生大量后代，但后代存活率低，发育快。r 对策种群的发展常常要靠机会加运气，也就是说它们善于利用小的和暂时的生境，而这些生境往往是不稳定和不可预测的。在这些生境中，种群的死亡率主要是由灾难性的环境变化引起的，而与种群密度无关。对 r 对策种群来说，环境资源可以是无限的，它们善于在竞争不激烈的各种场合下开拓和利用资源。r对策种群有较强的迁移和散布能力，很容易找寻新的生境定居，对于来自各方面的干扰有着较强的快速反应能力。

属于K对策的种群通常是长寿的，种群数量稳定，竞争能力强，生物个体大但生殖力弱，短时间只能产生很少的种子、卵或幼仔；亲代会对子代提供很好的照顾和保护。K对策种群的死亡率主要是由与种群自身密度相关的因素引起的，而不是由不可预测的环境条件变化引起的。K对策种群对它们的生境有极好的适应能力，能有效地利用生境中的各种资源，但它们的种群数量通常是稳定在环境负荷量的水平线上或附近，受资源的限制较多。K对策种群由于寿命长、成熟晚，再加上缺乏有效的散布方式，所以开拓新生境并定居的能力较弱。

r对策和K对策只代表一个连续系列的两个极端。实际上，在r对策和K对策之间存在着一系列的过渡类型。所以，r对策和K对策都只有相对的意义，无论是在种内还是种间都存在着程度上的差异。当环境尚未被生物充分占有利用时（市场或者产业周期的产生与生长阶段），生物往往表现为r对策（同类企业呈爆发式大量涌现）；当环境已被最大限度占有利用时（市场或产业周期的成熟或衰退阶段），生物又往往表现为K对策（寡头垄断或垄断竞争状态下的产业寡头的竞争）。

3.2.2 企业的变革与创新策略

前人对创新所下的定义尽管有所不同，但仍有共通之处。即基本都围绕两个因素进行定义和展开：一是在某方面的变革，二是该变革所带来的价值。我们说，如果某一变革无法带来某种价值，则这种变革很难称之为有意义的创新（但未必不能界定为创新，只是置疑其社会价值而已）。但是，在创新伊始，其价值如何判断？过早地判定又会给创新带来什么样的影响？不同方式与来源的创新行为的有效性如何？创新行为有无共同的模式可供借鉴？要解开这一个个的问号，我们就不得不回到创新的本质上去看创新有什么特质，以及基于此种特质我们如何构造针对创新行为的管理模式会更加有效。

（1）创新的规律与生物性特点

关于如何创新以及创新中是否有共通的指导原则，不同的研究者有不同的观点。爱德华·德·波诺认为创新有共通的规律可循，并可以通过分割法、反转法等横向思维模式总结出创新的一系列方法与原则①。

科学巨匠同时也是创新巨人的爱因斯坦则认为创新无任何模式可循，如果有规则可以遵循的话，那便称不上什么创新了，因为创新的最大特点便是其原创性与非线性。所以就所谓创新管理而言，最有效的方式就是去除各种制约创新的限制与障碍。

其实，认真研读一下各方的研究对象与支撑案例，便可以看出：持创新有迹可循观点的学者更多关注的是大量改进性和持续性创新，而认为创新无共同规律的学者多关注的为一些重大颠覆性创新。然而无论何种创新，除具备一定原创性以外，大量的创新还具备以下生物性特点（这也便给我们提供了另一种以生态视角看待创新问题的思路与启迪）：

1）系统根植性：一个子系统总是内嵌于其所在的宏观系统中的，难以脱离这些系统内的其它主体和环境而独立存在，只有将其放回所在的宏观系统中才能更好的进行分析。创新是植根于企业所在的经济和社会系统中，受到这个系统中其它主体行为、社会文化、沟通方式、制度环境等影响，难以剥离这些情境而独立，系统内的任何变化都可能影响企业的创新行为②。

2）主体的适应性：适应性行为可以定义为经济主体不断调整和修改其行为，并在变化的环境中不断改善处境的动态过程（王廷惠，2005）。创新是一个互动的过程（Peter Nielsen&Bengt Lundval，2003）。在这个过程中，企业与其所处的环境之间以及其它企业相互之间不断的进行物质、能量、信息的交流，企业会根据过去的经验以及其对于其所处环境的看法而发展出一组策略，生产创新所需知识，通过"双回路学习"（double – loop – learning）过程去适应、修正、调整其行为（Gyris&Schon，1975）。也就是说，创新是由企业适应环境的结果③。

3）共同演化性：复杂适应系统由有许多不同心智模式的主体组成，这些主体会在动态的网络关系中彼此交互作用，而且主体的行为选择发生在真实时间维度中，其行为以及所处的环境被认为是不断变化而且是不可逆转的，因而复

① 爱德华·德·波诺. 超级思考帽［M］. 人民邮电出版社. 2006。

② Casey，J. P. High Fructose Com – Syrup – a Case History of innovation. Research Management. Sep. 1976，27～33.

③ Christian Rammel. Sustainable development and innovations：lessons from the Red Queen［J］. International Journal of Sustainable Development，2003，（10）：195～196.

杂适应系统会有"共同演化"的现象发生。即单一主体的演化会影响到其他主体的演化，并且影响到其他主体的策略和心智模式，最后会改变彼此的行为。同时因为主体对环境做出的适应性行为，也会造成环境的变化，最终使得系统中所有主体和环境产生"共同演化"。在企业创新过程中，涉及到企业、顾客、竞争者、替代者、上游供应商等，而且这些异质性的企业、顾客、竞争者、替代者、上游供应商均具有发现和收集信息的能力，具有适应、学习的能力，能够彼此相互学习形成错综复杂的动态网络关系。同时正是由于不同的主体不断的实现变化和进步、不断重组和创新，从而使得整个创新得以"共同演化"①。

4）路径依赖性：作为复杂适应系统还具有路径依赖特点，历史遗产或初始条件具有重要意义，以前的任意选择或偶然事件，都对系统的演化具有约束作用。同时主体调整以适应变化的环境和条件，系统企业本身演化等等许多现象，均表现出较强的路径依赖特点。由于知识的不完全性和时间的不可逆转以及收益递增、边干边学、网络外部性和技术溢出的影响，企业创新不可避免地要受到过去决策的制约②。

关于创新的所有以上特点以及演化过程，与生态学说中的关于"变异"以及随之而来的竞争、环境选择、遗传复制等概念和模式有着非常多的相似与相通之处。那生物的行为生态学与进化生态学生态创新行为模式能给带来何种借鉴与启迪。

（2）企业创新行为模式的生态学解读与启示

对企业来说，创新机制可以产生多个彼此存在差异的单元，从而促进市场中企业组织与企业行为的多样化与差异化，为顾客和外部市场提供可供选择的对象与基础。与创新在企业生态所起的重要作用类似，对生态和生物系统来说，变异机制的主要作用也不容小视。正是由于变异机制产生出来很多彼此存在差异的基因及其组合，生物的进化才成为可能。然而对微观层面的变异是否有方向性，拉马克与达尔文却有不同的观点。

达尔文认为生物产生变异之后的个体并不一定比原个体更有利于生物的生存，但是并不能因此便否定此次变异的意义所在。因为如果没有变异，生物群

① Clark, J. and K. GuyInnovation and Competitiveness. Technology Analysis& Strategic Management. (1998), 10（3）. 363~395.

② Casey, J. P. High Fructose Corn Syrup – a Case History of innovation. Research Management. Sep, 1976. 27~33.

体就不会保持一定的多样性，在环境发生不利于生物生存变化的情况下，生物种群除了坐以待毙外就难以做出任何能动的应对，所以生物的变异是生物群体进化的基石与前提所在（达尔文，1895，《物种起源》）。这一点在企业界同样如此，在企业产生的创新当中，并不是每一次创新都能成功适应市场环境，但是如果没有创新机制，则企业演化的进程就无法形成，这也是如今企业都将创新自觉或不自觉列为重点关注的原因所在。

与之相对应，前期的拉马克学说主张生物器官的用进废退与获得性遗传。其典型主张认为生物的每一次变异无论在微观层面还是宏观层面均有一定方向性的，均是从低级走向高级，从简单趋向复杂，变异后个体总是比变异前个体更适应环境，认为生物的进化是连续的、彻底的、逻辑性的（拉马克，1809，《动物哲学》）。需要指出的是，尽管目前在生物学界主流观点与客观现实更支持达尔文学说，但是在企业生态学领域中，拉马克学说显然更多地指导着人们的经营实践，一些企业生态学研究者更是声称"要毫不脸红地将拉马克学说在企业生态领域发扬光大"。达尔文学说与拉马克学说的主要观点与区别如下表 3 - 1 所示：

表 3 - 1　达尔文学说与拉马克学说的主要观点

区别	达尔文学说	拉马克学说
演化过程	选择与替换	转型
演化结果	出生和死亡	适应
如何看待变革	变革不常发生，无法适应	变革经常在系统中发生
环境	动荡的环境中主要应用	确定的环境中主要应用
变异携带者	新进入者	新加入者或现有个体的变化者
选择方式	物竞天择	适应

之所以拉马克学说比达尔文学说在企业生态学领域得到人们更多的学习与参照，与企业生态学研究的对象有关。与生物个体相比，企业组织具有目的性、整体性、适应性以及自我调节能力等特点。从这种意义上说，拉马克学说的观点与方法可能更适合作为研究企业创新与发展的工具。

与企业生态学者针对研究对象分别采用不同的学说类似，在行为生态学中，我们在生物的生殖策略上竟然也观察到了两种不同的生殖方式，这能否对研究企业的创新行为有所帮助与借鉴呢？要知道，生物体的生殖和企业中的创新从本质上讲都是在关注系统中新个体的诞生与成长。

众所周知，企业的创新问题是企业发展的核心问题。与此相同，每个生态系统中新个体的出现与成长也是系统得以生存与发展的重要物质基础。所以，生物的生殖问题也一直是进化生态学的核心问题之一。达尔文在他的《物种起源》中就已经详细地描述了生殖与死亡现象。通过对该现象相互作用的观察，达尔文认为生殖力是维持物种延续的一个重要因子。Wunder（1934）首先注意到了不同类型生物的生殖差异，提出了不同类群生物生殖力的演化方向。D. Lack（1954）发现了动物生殖的生态趋势，提出动物总是面对两种对立的进化选择：一种是高生育力但无亲代抚育，一种是低生育力但有亲代抚育。这一理论得到了广泛认同，被称为 Lack 法则。M. Cody（1966）通过鸟类在生殖中以及在种内、种间竞争中能量消耗的测定，提出了物种在竞争中取胜的最适能量分配。R. H. MacArthur（1962）发展了以上各个理论，提出了 r – K 选择理论。两种不同生殖策略及相关特征如下表 3 – 2 所示。

表 3 – 2　生殖策略中的 r 选择和 K 选择以及某些相关特征

区分	r – 选择	K – 选择
气候	多变，不确定，难以预测	稳定，较确定，可预测
死亡	具灾变性，无规律	比较有规律
	非密度制约	密度制约
存活数量	幼体存活率低	幼体存活率高
	时间上变动大，不稳定	时间上稳定
	远远低于环境承载力	通常临近 K 值
种内种间竞争	多变，通常不紧张	经常保持紧张
选择倾向	发育快	发育缓慢
	增长力高	竞争力高
	提前生育	延迟生育
	体型小	体型大
	一次生殖	多次生殖
寿命	短，通常少于一年	长，通常大于一年
最终结果	高生殖力	高存活力

（引自 Pianka，1970）

面对以上生物种群经过数亿年用生命换来的生殖与生存进化策略，结合营销战略中关于创新行为的驱动来源和管理模式，经过对照研究发现，以上两类 K - r 生殖策略的特征与企业战略创新中的市场拉动和技术推动型两类创新驱动模式特点有着极大的相通性。

　　（3）生态视角下企业创新行为的社会性对应与借鉴

　　在企业的经营实践中，经常将企业的创新行为按驱动来源不同分为两类，一类是市场拉动型，一类是技术研发推动型。技术推力和需求推力的概念最早由 Schon（1967）提出，他认为技术创新的背后是由技术推力和需求拉力共同驱动的科技发展和进步的结果。因此，技术和市场都是促成产业创新演化的关键因素。尽管专家学者在二者谁在创新上更加占据主导地位意见不一。但从实践来看，当前的企业在创新来源上，并非完全由单向的技术推力或单向的市场拉力所主导。即当前的创新来源同时并存着"技术推力"以及"市场拉力"这二种机制。只不过二者的特点以及需要管理者针对不同来源的创新所应采取的管理模式有所不同。管理者如果对这一点认识不足，则在管理实践中可能会有意无意间阻碍创新的产生与成长。Orihata&Watanabe（2000）对比技术驱动与市场驱动在企业产品创新中的不同作用，将创新来源整理如下表 3 - 3 所示。

表 3 - 3　不同创新来源特性对比

区分	市场拉动	技术研发推动
开发动机	市场商机	产品技术突破
开发方式	先确认顾客需求再开发产品	先开发产品再寻找市场
产品系列	以市场变动为产品序列延续的主要准则	以技术提升为产品系列延续的主要依据准则
资源累积	强调市场资讯的积累	强调技术知识的累积
开发人员	营销客服部门主导	研发部门主导
不确定性	市场明确，产品所需技术具有不确定性	产品所需技术明确，市场具有不确定性
开发风险	较小（易为市场接受）	较大（投入成本高，一旦不为市场接受将形成极大的沉没成本）

续表

区分	市场拉动	技术研发推动
对企业意义	增加市场占有	提升品牌形象
对顾客意义	满足现有需求	创造潜在需求

对照表3-1、表3-2和表3-3，可以看出：管理技术推动的创新行为，达尔文学说更有借鉴价值——不要在创新行为早期（即微观个体变异开始之时）便过早地主观判定该行为（变异）是否有生物学（市场）价值，以免影响变异（创新行为）的产生与成长。作为管理者，要赛马而非相马，最关键的是创建一个更宽松的创新环境；而管理市场拉动的创新行为，拉马克学说更可以借鉴——盯住目标（市场），由目标（市场）引导变异（创新行为）。同时，生物界的r生殖策略与技术推动的创新特性有相通之处，而K生殖策略则与市场拉动的创新特性相同。同时，生物界在r-K生殖方式上采取的策略对不同驱动来源的创新行为管理模式也极其类似。

从上文可以看出，在生物界不同的生殖模式与生殖策略是不同的。同理，在企业界不同来源的创新行为也应辅以不同的管理模式：针对研发与技术推动的创新行为，要以类似生物r生殖策略的方式进行环境的营造与放手，去除能去除的所有限制，在创新行为开始时不要过多纠缠于市场前景如何，前期采取"大规模，多生养"的企业文化与创新氛围，后期采用"赛马"体制进行自然的淘汰与选择（如3M公司）；针对需求与市场拉动型创新行为，则要以类似生物K生殖策略的方式进行精心的组织与安排，"认真选种，精心打造"，为保证成活率要辅以适当的"相马和育马"模式（如三星电子）；还有一些企业与行业，针对创新行为的不同阶段采取不同的管理模式。比如目前的世界医药产业中，跨国制药巨头由于风险的回避和创新源动力的不足，几乎放弃了新药的基础研发中新化合物的合成工作（这些工作几乎均交由大量的中小医药企业去探索，类似生物界中的r生殖行为方式），跨国制药集团将大部分精力转入新药和准新药的评价与筛选中，通过评价研究发现哪个新药有市场前景时便将该药的知识产权（或连同公司）整体买下，然后辅以大量的临床观察与研究，再以K策略进行后期研究开发和商业跟进。基于以上对比分析和案例研究，我们更可以看到，除了一些大的企业巨头外，中小企业对社会的贡献与价值更是不容小视，大量中小企业的存在与发展是社会的创新之源，任何社会与产业管理者都不应无视中小企业存在的重大意义，同时更应该科学合理地为他们的生存与发展设定合适的管理环境与体制基础。

3.3　本章小结

从企业竞争的实践结果来看，企业战略变革的方式与途径是通过企业主体的更替和内部战略更新两种方式完成的。但是无论企业的新生与死亡更替还是企业革新性经营行为的引入，从企业战略行为的角度上看都可视为企业战略行为的变革。但是，在企业的经营实践中，这两种战略方式的变革其特点和遵循的规律是有所不同的。前者更适合基因变异的理论体系，后者的战略改善则可以从拉马克的生态学说中借鉴更多。因此，本章在梳理以上内容的同时也讨论了二种学说体系反映在企业战略创新行为的各自特点与规律，以期借助生物的 K－A 生殖对策为企业两类的创新行为有所指导。

第四章

竞争对策与协同竞争

在传统的生物进化论中，生物进化的三种机制分别是：遗传、变异和选择。传统生物学将竞争对手视为外部环境的一个组成部分，物种间的竞争并没有被列入至演化路径中。然而，近年来生物间的竞争行为成为生态学研究的一个热点领域，并成为一个发展迅速的生态学科——行为生态学。考虑到企业市场竞争中，竞争导向与顾客导向一直以来就是组成市场竞争的两大基本理念。因此，我们将竞争放在了与市场选择同样的地位与高度，二者与变革创新和学习遗传共同构成企业战略演化的四个演化机制要素。

4.1 行为生态与竞争对策

4.1.1 演化中的动态竞争

回顾企业战略理论的历史演变，特别是关于企业可持续竞争优势来源的探讨，不外乎三种思维模式：从内外匹配发展到由外而内再到由内而外，如此循环往复，企业战略研究在不同发展阶段的研究重点存在差异，这导致研究的层次和对象也会相应发生变化，从企业和环境到行业，再到企业。需要特别说明的是，企业战略研究重点的转移只是表明了在某一时期某一思维模式占有主导地位，并不表明其它战略思维模式就不存在。事实上，这三种战略思维模式一直交叉并行、共存发展。

进入 21 世纪，深入企业内部探索竞争优势源泉的趋势逐渐明朗。越来越多的学者利用独特的且难以模仿的资源和能力来解释企业竞争优势，企业也越来越重视"练内功"。企业能力理论结合了经济学理论和战略管理理论，着重解释和预测企业竞争优势的来源及如何让企业的竞争优势长期保持，它已经并且在未来的一段时间内仍将是企业战略理论研究的重点。

20 世纪 80 年代初，企业能力理论开始出现并迅速发展起来。经过二十多年的发展，它逐渐在企业战略管理领域盛行，并被产业经济学家、企业理论学家广泛使用。企业能力的系列理论的核心内容是：较之外部条件，企业的内部条件对于企业获取和保持竞争优势具有决定性的作用。但是，如何获取这种每个企业家都梦寐以求的能力，换言之对企业的能力或者核心能力是如何形成的问题，却没有一个清晰的解释。

　　动态能力理论是在 20 世纪 90 年代初随着战略管理学术界和企业界对企业能力理论中的不足进行反思和弥补而逐步发展起来的一个企业能力理论的分支。相对于传统的企业能力理论重点研究能创造竞争优势的资源与能力的特征与市场条件而言，动态能力理论重点探索这些资源能力是如何产生、发展和演化的。在此需要加以说明的是，传统的企业能力理论集中研究战略的截面问题（cross – sectional），而动态能力理论则关注研究战略的纵向问题（longitudi-nal）；传统的企业能力理论更认同企业能力是给定的，因此关注给定能力的充分利用，而动态能力理论则认为企业能力是动态的，应加大新能力的探索和开发的力度。

　　较之传统企业能力理论或其它理论，动态能力理论具有众多创新之处，主要表现在：战略研究方向转移到对纵向问题的研究。波特认为，战略的问题分为二类：第一类是"是什么导致企业的成功（绩效差异）"的"是什么"的问题，波特称之为"截面问题"；第二类是因果问题，波特称之为"纵向问题"，即"企业为什么能够取得满意地位"的问题。战略家如果对导致竞争优势地位的基础不能有充分的理解，那么要达到这个地位就会难乎其难，战略管理就变成了碰运气的过程。传统企业能力理论在经过了近二十年的发展后，已经对导致可持续竞争优势的资源和能力的特性及市场条件进行了解释，解决了"截面问题"。但是，对于企业如何获得这些独特的异质性资源能力，解释却很少。应该说，从逻辑上看，解答纵向问题的答案主要有两个：第一是初始条件，取自企业历史的、先天赋予的资源、声誉、技能等。这些初始条件影响或者制约着企业的战略选择。第二是后天的管理选择。企业在历史时期，面临未来不确定性的情况做出的一系列的管理选择导致了差异的出现。Barney（1986）用不完全要素市场中的运气和卓越的预期对纵向问题的解释显然不够，最近越来越多的学者承认并开始着手研究动态过程，这也正是动态能力研究的重点所在。

从以上对企业战略管理理论的大致梳理以及最新企业动态能力的研究可以看出，企业战略管理理论的发展方向与经济学和演化经济学的兴起是一致的，都是在走向一个关于关键因素的"演化过程研究"。而在这一研究中，以前静态的均衡研究范式越来越让位于演化过程中的行为跟踪与探析。这也是与生态学研究体系中行为生态学的研究模式可以相互借鉴与启发的逻辑所在。在接下来的部分内容中，我们将用行为生态学借用博弈论的研究成果进行企业战略竞争行为的分析。

4.1.2 演化学说与博弈论

在分析动态竞争的理论工具中，由于竞争的动态性与互动性，所以博弈论是一个比较适合的研究工具。这也使得博弈论成为研究行为生态学和动态竞争的共同工具。而演化博弈论则是把博弈理论分析和动态演化过程分析结合起来的一种理论。在方法论上，它既不同于博弈论将重点放在静态均衡和比较静态均衡上，又不同于早期的演化经济学忽视静态均衡分析的意义而流于动态的不可知论。演化博弈论源于生物进化论，相当成功地解释了生物进化过程中的某些现象，并在分析社会习惯、规范、制度或体制形成的影响因素及其自发形成过程中，也取得了令人瞩目的成绩。演化博弈论目前已成为演化经济学的一个重要分析手段，并逐渐发展成一个经济学的新领域。

传统的博弈理论集中讨论博弈均衡，尤其是纳什均衡及其精炼解（纳什均衡，又称非合作均衡，是指博弈中，当其他参与人的策略既定时，没有任何一个参与人还能改善其收益。[①]）传统博弈论解的概念是以博弈规则、参与者的理性以及参与者的收益函数都是共同知识为前提的。然而现实中的人们并不是在对博弈结构及参与者是理性的这些事完全认知的前提下，对博弈进行理性预测并采取行动的。另外，传统的博弈论只考虑最终的均衡结果，而忽视了系统是如何达到最终均衡的，以及系统经过多久才达到均衡的。当完全理性被有限理性所代替，旧的方法不再适用，这就需要一种新的研究方法，人们把目光投向了一门新兴的方向——演化博弈论。演化博弈论的基本思路认为，有限理性的经济主体不可能正确地知道自己所处的利害状态，它通过最有利的战略逐渐模仿下去，而最终达到一种均衡状态。在这样变化的系统中，采用支付盈利

---

① 张维迎．博弈论与信息经济学 ［M］．上海人民出版社．1996，13～15。

高的战略的人数比率逐渐上升，这便引出了 ESS 均衡的概念。ESS 均衡又称进化稳定策略均衡，是动态博弈理论的核心概念之一，当博弈参与人构成的某一群体内所有个体都采取某种策略后，其他参与人不能侵入该群体，它是一种长期的动态纳什均衡。

进化稳定策略（ESS）是 Maynard Smith（1974）在博弈论的基础上提出来的，是进化论和博弈论的结合，在社会学、经济学和生态学领域获得了广泛的应用①。Dawkins（1976）非常推崇 ESS 概念，他认为：我们可能最终不得不承认 ESS 概念的发明是达尔文以来进化理论上最重要的发展之一，凡是有利害冲突的地方它都适用，ESS 概念使我们第一次能够清楚地看到一个由许多独立的自私个体所组成的群体是如何变得像一个有组织的群体②。

这个定义的核心思想是提出了相对优势的概念，与以往的绝对优势概念不同，它并不认为生物在进化过程中会选择最优的策略。针对一个进化事件，生物群体一开始会采取多样化的反应策略，但随着时间的推移，最终会停留在一个相对优势的策略上，即群体中的大部分个体采纳的策略，而少数突变个体的策略在竞争中获胜的机率将会很小。它类似于纳什均衡当中的吸引域，除非有来自于外部的强大冲击，否则系统就不会偏离进化稳定状态，即系统会"锁定"于此状态。这个定义的直观解释是，当一个系统处于进化稳定均衡的吸引域范围之内时，它就能够抵抗来自外部的小冲击。

这个基本理论可以应用到动物、植物等生物体的演化分析上。同时人们的行为有时也可以被看作为一种演化过程的结果，人的某些行动表现出的继承行为的结果多于理性选择的结果，因此这个理论也可应用于社会经济系统的行为分析。

ESS 策略是生物进化过程中的一个普遍现象，几乎所有的优化都涉及到这样的策略。虽然 ESS 目前最成功的应用是种内或种间个体竞争行为的分析，这在很大程度上依赖于 ESS 数学解析能力的发展，但是 ESS 包含的生物学意义远不止于此，它能够帮助我们更好地理解生物进化、生物多样性以及生态系统无可比拟的复杂性，从某种程度上来说，它是一种哲学观点，而不仅仅是一个数学定义。达尔文的进化论认为自然选择是进化的动力，变异是进化的基

① Maynard Smith, J. Models in Ecology [M]. Cambridge University Press, 1974.

② 蒋学玮. 浅议进化稳定策略 ESS. 生物学通报. 2005 年 40 卷 04 期。

础，最适应环境的个体有较多的机会传播自己的基因，任何有利的突变都有可能被固定下来，因此进化是渐进累积式的。然而，从 ESS 的观点来看，进化是一个寻优的过程，当达到一个相对优势的状态时，生物的进化过程就会稳定下来，直到下一次寻优过程启动，宏观上表现为跳跃式的进化模式。

以上基于演化博弈论基础上的 ESS 策略选择所表现出的跳跃式的进化模式也能更形象地用于企业战略演化过程的分析。在企业的实际运营中，企业的战略既需要调整以适应外界环境的变化，同时，又不得不在一定时间段内保持相对的稳定性。一个公司的战略，如果失去了前者的变化与调整，企业战略将走向僵化，企业也将走向消亡；而一个战略没有了后者相对的稳定性，企业员工将无所适从，后果是任何战略都难以最终落实。

4.1.3　行为生态学的竞争对策：进化稳定策略 ESS 与进化稳定均衡

演化理论中适者生存的思想以及由此衍生的最适性理论的研究均指出：自然选择总是倾向于使动物最有效地传递它们的基因，因而也是最有效地从事各种活动，包括使它们在时间分配和能量利用以及竞争行为的选择方面达到最适状态。然而，这一理论的挑战在于：经常很难找到一个单一的、显而易见的最适行为对策。因为在生物群体行为中，一个行为的价值要视群体中其它个体的行为而定。

为了从理论上解决这一问题，就不得不寻找一种对策或一组混合对策，这种对策是被群体成员中大多数所采取的，而且不会受到其他任何可选对策的侵蚀，这样的对策就称为进化稳定对策（ESS）。ESS 的基本特性就是它的不可侵蚀性，即 ESS 一旦被群体中大多数成员所采纳，该群体在进化过程中就会保持稳定。"对策"在此处应当被理解为一种群体应对预案，应当特别加以说明的是，对策并不是个体有意识地制定出来的，而是自然选择的产物。比如"如果对手逃跑就追击，如果对手还击就逃跑"就可以视其为一种对策。下面通过鹰鸽博弈来引出进化稳定对策（ESS）。

4.1.3.1 鹰鸽博弈策略分析

在企业战略竞争行为的选择上，基本上可分为两种类型：一种是强硬型，被称为鹰派或鹰对策（以下简称为鹰）；另一种是妥协型，被称为鸽派或鸽对策（以下简称为鸽）。鹰竞争起来总是全力以赴、孤注一掷，除非身负重伤，否则绝不退却；而鸽则总是以惯常的方式进行威胁恫吓，但从不伤害对方。当一个鹰对策者与一个鸽对策者相遇时，鸽总是逃跑，因此鸽从不会受伤；当鹰和鹰相遇时会一直打到一只鹰重伤或者死亡为止；当鸽和鸽相对时，双方谁也不会受伤，但它们可能长时间摆出对峙的架式，直到其中一只感到厌烦或者疲倦而决定不再对峙下去，从而做出让步为止。

在以上场景设置中，所谓的鹰和鸽，只用作对对策使用者的区分，并不代表真正的鹰或者鸽子，所以，从外形以及其它外部特征上是无法在竞争对峙行为之前加以区分的，必要时，参与者（Player）还可能特意伪装成另外的角色模样。为了便于明晰两类对策的不同应对结果，假设：赢一场得100分，输一场得0分，重伤得－200分，长时间对峙浪费时间得－20分。得分高的个体则意味着能在种群基因库中留下较多的基因。那么在如此的状态下，鹰对策和鸽对策哪一个是进化稳定对策？显然，不管是鹰对策还是鸽对策，单凭其自身的力量不可能在进化上保持稳定，因此，它们之中的任何一个都不可能得以进化。

如果种群全由鸽对策个体组成，则每次竞争总是其中一方得胜者得100分，但因与对方对峙成本扣20分，净得80分；另一方退却收益得0分，扣去对峙成本净得－20分。由于每只鸽输赢概率各半，因此平均得分是（80－20）／2＝30分。在以上这个看起来不错的博弈对策中，如果因为基因突变出现一个鹰对策者，它每次竞争都是同鸽进行，结果总是赢，每场净得100分。此时其平均分也是100分，与30分相比，鹰占有优势，于是鹰的基因得以在种群中流传，但是，此后鹰再也不可能遇到它以后的对手都是鸽子的局面。

与以上相对的另一个极端是，如果鹰基因的流传最终使得整个种群都成了鹰的天下，那么所有的竞争都是鹰对鹰了，结果总是一方得胜得100分，另一方重伤得－200分，因为大家都是胜负几率各半，所以平均净得分是（100－200）／2＝－50分。此时，如果鹰种群中基因突变产生一只鸽对策者的话，尽管它每次竞争都是要输，但是因为不受伤，平均下来得分为0。比鹰的收益要大，于是鸽的基因就会在种群中流传开来。

从以上两段分析可以看出，纯鹰或者纯鸽都是不稳定的，似乎会出现从鹰到鸽，再从鸽到鹰的有规律的周期性摆动，但事实上不是这样，当鹰和鸽之间达到一个平衡比例后，这一状态即会被稳定保持下来。

假定一个群体中鹰的数量比例为 p，则鸽的数量比例为 1－p，博弈的平均收益矩阵为：

表 4 - 1　鹰、鸽对策博弈矩阵

VS	鹰	鸽
鹰	-50p	100（1 - p）
鸽	0	30（1 - p）

当鹰和鸽得到相同的净收益时，群体就会处于 ESS 的稳定状态，将以上两式联立：

　　-50p + 100（1 - p）= 30（1 - p）　　　　　　　　公式（4 - 1）

解得 p = 7/12，1 - p = 5/12，

通过以上计算可知为"鹰"："鸽" = 7：5 时最稳定，此时鹰与鸽的平均净得分完全相等。在这个平衡比例下，如果群体中鹰的数量开始上升，则鸽会获得额外的优势，这将迫使鹰的比例下降，从而使群体恢复平衡。当然，鸽对策者上升的结局也是如此。

在按以上比例组成的稳定群体中，每个鹰和鸽个体的平均得分都是分。可以看出，这个比分比纯鸽种群的个体平均分少很多，也就是说，如果大家都同意成为"鸽"，那么每个个体将获益更多。所以说，生活在清一色的鸽种群中，每一只鸽的境遇要比上述稳定种群中的鸽好一些。但问题是，鸽群中如果出现一只鹰，那么任何力量也无法阻止它的进化，它单枪匹马就会创造无与伦比的业绩，这个最佳获益群体就会因为出现内部的背叛行为而土崩瓦解。可见，ESS 种群的稳定并不是因为它特别有利于其中的个体，而仅仅是由于它不会存在内部背叛行为的隐患。当然，ESS 种群的稳定也可以通过下述方式达到，即每个个体都能采取上述两种对策，但采取鹰对策和鸽对策的概率分别是 7/12 和 5/12，而且必须是随机的，因为只有随机才能保证任何一个对手事先无法猜出对方在竞争中将采取何种对策。那种以为一个个体连续 7 次采取鹰对策，再连续 5 次用鸽对策的简单思维是绝对不可取的，因为它的对手很快将识破这种对策并采取相应的防御对策。

4.1.3.2　鹰鸽博弈的 Bourgeois 对策优化

以上是进化稳定对策的一个简单举例，经过丰富发展，就可以更加接近实际的复杂模型。比如，在以上两种对策的基础上，增加以下原则便形成 Bourgeois 对策。Bourgeois 对策者的行为表现是：当自己是资源占有者时表现为鹰，当自己是入侵者时表现为鸽。假定其两种表现的机率相等，那么按上述得分标

准，其收益矩阵便如下表 4-2 所示。

对以上不同对策的收益分析后可知，Bourgeois 对策是一个进化稳定策略 ESS。如果群体成员都采取这一对策，那么当出现两个个体争夺资源的情况时，就不会出现竞争升级的后果，因为其中一个个体是资源占有者，而另一个个体则是资源入侵者。这样，每一个 Bourgeois 对策者在博弈中的平均得分都是 +40。可见，Bourgeois 对策既不会受到鹰对策的侵蚀（因为鹰对策的平均分是 +25），也不会受到鸽对策的侵蚀（鸽对策平均分只有 +15）。事实上，在上述博弈中，Bourgeois 对策是唯一的 ESS，因为如果群体成员都是鹰，那么鸽和 Bourgeois 都会侵蚀这一种群；同理，如果群体成员都是鸽，那么 Bourgeois 对策和鹰也会侵蚀这一群体，从而获得更高的得分。只有当群体内全体成员都是 Bourgeois 对策者时，才不会受到任何其它对策的侵蚀，而 ESS 的本质特征便是不被侵蚀性。所以，面对一个互动的、多次博弈的、不确定性的竞争对抗，最有意义的不是寻找什么对策是好对策，而应当探究什么对策才是一个进化稳定对策（ESS）。

表 4-2 鹰、鸽和 Bourgeois 三种对策博弈矩阵

攻击者	迎战者		
	鹰	鸽	Bourgeois
鹰	-50	+100	+25
鸽	0	+30	+15
Bourgeois	-25	+65	+40

关于资源占有者总是能在竞争中获胜的原因分析，Krebs 于 1982 年研究大山雀的领域防御时，验证了如下假设：资源占有者从竞争中获得的东西，要比资源入侵者多，因此它们的竞争意志较强，并愿意为竞争付出更多代价；另一方面，资源占有者对它们为之争夺的资源价值更为熟悉和了解。正是因为资源占有者在此类对抗中占据绝对优势，而且对抗双方都明白这一点，因此才有了 Bourgeois 对策的胜出。

正如前文指出的那样，在这个场景中，所谓的鹰和鸽只是对策使用者的区分，并不代表真正的鹰或者鸽子，而是企业战略竞争行为性质的区分。强硬型竞争行为被称为鹰派或鹰对策，妥协型的竞争行为被称为鸽派或鸽对策，因

此，以上分析有着较强的典型性与代表性。

在企业现实的战略对抗与竞争中，有一个经常出现的现象：追随者如果采用与行业领先者同样策略进行竞争的话，一般而言是没有希望胜出的。因为市场领先者非常熟悉其胜出的逻辑，了解其成长路径中的关键环节，知晓竞争过程中的节点所在，所以能非常有针对性地采取策略对跟随竞争者予以最有效地打击。这也是 ESS 进化稳定对策中 Bourgeois 模型解释的最佳实践验证。

4.1.3.3 非对称竞争的概念模型

通过以上介绍可以看出，资源值和竞争实力是影响竞争结果的重要因素，但在很多动物的竞争中，双方的竞争实力和为之争夺的资源值是变化的，这类竞争双方可以沿着一个连续体改变其竞争升级状况的竞争，称为非对称竞争。关于非对称竞争的理论，Parker 和 Rubenstein（1981）[1]，Hammerstein 和 Parker（1982）[2] 做过详细的研究。其总体研究结论认为：在非对称竞争中，对于一个参与者来说，如果其竞争力会在其对手之前耗尽，那最好的策略便是退却。用数学表达即为：

如果，$Va/Ka < Vb/Kb$ 公式（4-2）

那么竞争参与者 A 放弃竞争或退却，就会成为一种进化稳定对策（ESS）。式中 V 是竞争双方 A 和 B 为之争夺的资源值；K 是两个竞争参与者在竞争中所付出的增长速率，其值将与竞争参与者的竞争实力相关，一个善于竞争者的代价增长速率将会比不善于竞争者的代价增长速率慢。

进化稳定对策（ESS）是行为生态学中最重要的概念，凡是有利益冲突的地方都适用。从这种意义上说，几乎在一切地方都适用，因为这是一个冲突无处不在的世界。基于同样的原因与逻辑，进化稳定对策（ESS）对研究对抗与争夺互动性极强的战略演变来说更是富于意义。

4.1.4 进化稳定策略（ESS）——鹰鸽博弈数学模型

通过上述分析可知进化稳定对策（ESS）不一定是报偿最高（最好的）的对策，但它是一种不会受到其它任何对策侵蚀的应对策略。这一理论恰恰契合

---

① Parker, G. A. Phenotype – limited evolutionarily stable strategies. Current Problems in Sociobiology［M］. Camberidge University Press, 1982. 173 ~ 201.

② Hammerstein, P. &Parker, G. A. The asymmetric war of attrition［J］. Theor. Biol. 1982, 96: 647 ~ 682.

了企业在制定与选择战略时的现实行为：企业面临激烈竞争和变化的环境时，选择战略对策并不一味地追求利润最大化的战略方案，而是选择一个稳定的利润回报率相对满意的战略对策。

同时也可以看出进化稳定策略的结果会依据博弈收益和博弈成本的不同，发生很大的变化，进而影响着策略的选择。考虑到竞争行为中鹰对策与鸽对策有着广泛的代表性，下面，依据以上内容将鹰鸽博弈的一般模型建立起来。

参照博弈知识体系，我们将鹰对策和鸽对策均称为参与者（Player），这里简称为鹰和鸽；不同对策所获得的不同所得，这里称为收益。一方赢得一场竞争的收益是 V（Value），在竞争中严重受伤的代价是 W（Wound），对峙的成本为 T（Time，T < W）。下面我们分析不同参与者在不同竞争中采取不同策略的各自净收益。

（1）鹰攻击鹰

在其它条件都相同的情况下，每只鹰的胜败机会各半，胜者将得到 V 单位收益，败者将付出 W 单位的代价。由于胜负机率相等，所以每只鹰的平均净收益为两值的平均数。即：

$$净收益 = \frac{V - W}{2} \qquad\qquad 公式（4-3）$$

（2）鹰攻击鸽

鹰攻击鸽时，鹰总是赢，而且不会因为受伤付出代价，也没有时间对峙的成本，所以鹰的平均净收益为 V。

（3）鸽遇到鹰

此种情况下，鹰一定会抓住机会攻击鸽，而且鹰会赢。但是鸽会因退却而不会受伤，也没有时间对峙成本，所以鸽的净收益为 0。

（4）鸽遇到鸽

鸽遇到鸽时，在其它情况相同的条件下，每只鸽的胜败机会也均等。但双方均会因长时间对峙而付出成本 T。胜方获取资源 V，净收益为 V - T；败者无资源获取，仅付出对峙成本 T，所以净收益为 - T。由于胜负机会均等，所以平均净收益为

$$净收益 = \frac{V}{2} - T \qquad\qquad 公式（4-4）$$

以上状态列入博弈收益矩阵如下表 4-3：

表 4 - 3   鹰鸽博弈收益矩阵

VS	鹰	鸽
鹰	$\dfrac{V-W}{2}$	V
鸽	0	$\dfrac{V}{2}-T$

通过以上分析可知纯鸽群体与纯鹰群体都不是 ESS，但由一定比例的鹰和鸽所构成的混合群却可能是稳定的，而且可以计算出这个混合群体中，鹰与鸽所占的比例。

假定 P 代表群体中鹰所占比例，则（1 - P）为种群中鸽的比例。如果种群中个体间相遇的冲突是随机的（即相遇概率与其相对数量一致），那么鹰的平均净收益则是：

$$\overline{V_H} = p\frac{V-W}{2} + （1-p）V \qquad\qquad 公式（4-5）$$

同理，鸽的平均净收益则是：

$$\overline{V_D} = （1-p）\left(\frac{V}{2}-T\right) \qquad\qquad 公式（4-6）$$

当 $\overline{V_H} = \overline{V_D}$ 时，鹰对策和鸽对策就会取得相同的净收益，此时群体就会处于 ESS 的稳定状态。将以上两式联立：

$$p\frac{V-W}{2} + （1-p）V = （1-p）\left(\frac{V}{2}-T\right) \qquad\qquad 公式（4-7）$$

解得，$p = \dfrac{2T+V}{2T+W}$ \qquad\qquad 公式（4-8）

从上式中可以看出，资源值 V 越大，鹰对策的选择者便越多；而受伤 W 代价越大，则鸽对策的选择者越多。

同时，随着 V、W 和 T 值的变化，结果也将不同。也就是说，ESS 将依赖于 V、W 和 T 值的变化。当 V > W 时，只有鹰对策才是 ESS；当 V < W 时，ESS 将是一种混合的群体，其中鹰对策所占比例为 p。一般说来，当 V > W 时，鸽与鹰博弈的净收益将会少于鹰与鹰博弈的净收益，此时鹰对策为 ESS；但是，如果 V < W 时，鹰群体中一只鸽的净收益就会大于一只鹰的净收益，

此时鸽能侵蚀一个鹰种群。然而值得注意的是，鸽对策永远不可能是 ESS，即使在 T=0 的情况下，鹰对鸽（净收益为 V）也总是大于鸽对鸽（净收益为 V/2），此时鹰会在鸽种群中扩散。

以上 ESS 关于生物行为和最适模型的研究，从理论上验证了达尔文生前一直坚信的观点：只要是经过一个进化和选择的过程，任何表面看起来复杂和不可思议的生物行为，都是有其内在的规律和逻辑。企业的战略对抗中，无论是鹰派的对抗与鸽派的妥协，其竞争行为的解释与选择也应该从以上分析中有所借鉴或启迪。

4.2 红桃皇后效应与协同竞争

4.2.1 红桃皇后效应与协同竞争理论

（1）红桃皇后效应下的协同竞争

协同演化现象（又名红桃皇后现象）也是企业演化的重要特征。"红桃皇后"理论是万瓦伦（vanValen）在 1973 年研究生物演化时提出的假说，具体来说是指在对手和环境不断进步的情况下，每个生物必须不停地前进才能保证自己竞争地位的相对稳定（不落后）。在企业生态系统中，企业与生态位建立了一种非线性的紧密关系，同时二者作为一个自组织体系，与周边各生态体系共同建立了具有独特规律的协同演化系统。

企业系统间之所以发生协演化现象主要归因于组织学习效应。通过组织学习，企业在不断的竞争中实现了演化。首先，竞争中的企业不断探寻提高业绩的方式。学习和探寻的成功结果不仅能增强企业自身的竞争力，同时也会刺激其竞争对手通过模仿和更多的学习变得更强大，而对手的更强大又会反过来激发企业自身的进一步学习，如此循环。这种自增强的演化现象就是协同演化。协同演化现象是企业演化背后的又一推动力量。近年来，协演化现象吸引了越来越多的战略学者们的目光。而对企业范畴内的"红皇后"理论的研究，很好地启发了企业战略发展。

根据"红皇后"理论，时刻将企业置于一种变动的、竞争的环境中可以提高企业的学习能力和适应能力，对企业的生存发展大有裨益。因此，企业近期的新鲜竞争经验可以提高企业的环境适应能力，但过远的历史经验则不然，而组织如果过多沉溺于历史的成功与经验，便会因为陷入"成功陷阱"而导致企业当下和未来不适应状况的发生（Barnett and Hansen，1996；Barnett and Sorenson，2002）①②。同时，企业的竞争环境应该尽量一致化，当企业面对过多、过杂的竞争对手时，也会由于学无章法、经验不连续和不一致而无法积累，最终导致不适应状况的产生。总而言之，"红皇后"理论对企业战略可以有如下借鉴：

企业可以借助特色化等战略规避竞争，但这样也就失去了参与协同演化的机会，从长远来看对企业是不利的。

同理，企业长期处于独占资源的境况对企业能力的发展也极为不利，也就是说垄断企业可以受益于垄断带来的暂时优势，但随着时间的延续，企业失败的机率也会不断增长。

竞争环境中的企业也许前 10 年生命力较为脆弱，但由于"红皇后"效应的存在，企业的竞争力会越来越强大。

适当增加竞争对手的数量可以增强企业的协演化能力，从而降低企业的失败率。Barnett 的实证研究结果显示要新增 13 个竞争对手才能抵消企业从协演化增强效应中得到的好处。

经受了竞争和环境选择洗礼的企业未来的失败率可以大大降低，因此企业只有处在不断的竞争环境中才能长生久生。

从"红皇后"理论中，我们得到了完全有别于传统战略理论的结论。传统理论认为企业在设定战略时主要考虑的问题应该是如何使企业取得避免竞争或者消除竞争的有利位置，而"红皇后"理论则鼓励企业参与竞争，在竞争中发展壮大。这应该算作企业演化理论对战略管理研究的新贡献。因此，若从长远发展考虑，企业在战略上要敢于、勇于投身到激烈的竞争环境中去，在竞争中磨练、增强自己的能力，并随同环境一起实现协同演化，以保证自身不在竞争中被淘汰，并能有所发展。总之，当今企业与环境的互动关系使得企业生态环境的变迁速度越来越快，这样反过来刺激企业要不断增强适应环境变化的能力，构建了一个具有强烈正反馈的协演化循环，增加了企业演化的不确定性。而了解、把握和应用企业演化中的"红皇后"规律，是在动荡的环境中

① Barnett, W. P. and Robert A. Burgelman. Evolutionary perspectives on strategy［J］. Strategic Management Journal. 1996，vol. 17，5～19.

② Barnett, William P. and Olav Sorenson. The red queen in organizational creation and development ［J］. Industrial & Corporate Change. Apr. 2002 Vol. 11 Issue 2，289～326.

实现企业不断演化的重要手段。

（2）红海与蓝海的战略选择反思

最新的战略竞争理论《蓝海战略》① 告诉我们，企业应当去告别红海寻找没有竞争的蓝海。一时之间，每个企业都在试图转换山头，去寻找世外桃源中的蓝海世界，最终发现每个山头上都有非常厉害的山大王的占据与竞争。

其实，根据协演化竞争结果来看，这也是一种红海与蓝海的战略选择悖论——越是对蓝海的占据与依赖反而失掉了在红海中竞争与成长的能力。比如，对大量复印机专利的拥有与设限使得 Xerox 在近三十年中复印办公市场蓝海中享受着超额的利润和美好时光，同时，对大量复印机专利的依赖也使得施乐最终失去了在红海中竞争的勇气与能力，从而不得不走向与富士并购的无奈之路。尽管施乐帕克研究中心 Xerox PARC（Xerox Palo Alto Research Center，简称 Xerox PARC）诞生了鼠标、以太网；图形用户界面 GUI 等众多革命性的IT 产品，但是由于缺失生存压力而带来的懈怠竟坐视苹果和微软借此类产品乘势而起，自己却在复印专利到期面临红海竞争时毫无挣扎地走向衰落。

以上思想不只对单个企业竞争战略有借鉴，对宏观产业的管理者来说，也是不无裨益。试想一下，无论是建国的闭关锁国状态造成的工业水平体系"大而全却整体缺乏竞争力"，还是改革开放以后针对不同产业的不同政策，可以发现越是我们试图置于保险箱中保护起来的垄断行业，其行为竞争力越差；而越是放手进入到国际大竞争市场中的产业，在经过最初若干年的创业挣扎后，其竞争力都获得了可观的发展与提升。

4.2.2 协同竞争与协同演化模型

在生态学理论中，演化的基本单位是指个体或种群，而不是生态系统。目前尚无学者试图证明整个系统也在进化。但是，整体系统的确也显示出了适应性，至少是生态系统内各物种之间的协同适应使整体系统似乎也发生了演化。

整个系统所显示的这种协同演化主要是基于下面的互动过程，即个体的演化过程是在其环境的选择压力下进行的，而环境不仅包括非生物因素，也包括其他生物因素。因此，一个物种的进化必然会改变作用于其它生物的选择压力，引起其它生物也发生变化，这些变化反过来又会引起相关物种的进一步变

---

① （韩国）W. 钱·金（W. Chan Kim），（美国）勒妮·莫博涅（Renee Mauborgne）. 蓝海战略[M]. 商务印书馆，2005，11。

化。在很多情况下，两个或更多物种的单独演化常常相互影响，形成一个相互作用的协同适应系统，即 Co-adapted system。

捕食者和猎物之间的相互作用是这种协同演化的最好实例，一个广为流传并且贴于蒙牛公司墙壁的生物现象形象地说明了这一点。捕食（生存竞争）对于捕食者和猎物都是一种强有力的选择力：捕食者为了生存必须获得狩猎的成功，而猎物的生存则依赖逃避捕食的能力。在捕食者的压力下，猎物必须靠增加隐蔽性、提高感官的敏锐性和疾跑来减少被捕食的风险。所以，瞪羚为了不成为猎豹的牺牲品就会跑的越来越快，但是瞪羚提高了奔跑速度反过来又成了作用于猎豹的一种选择压力，促使猎豹也增加奔跑速度。捕食者或猎物的每一点变化都会作为一种选择压力促进对方发生变化，这就是生物学上的协同演化概念。

这是只限于两个物种之间的相互演化关系，实际上，每一个物种都处于一个由众多物种组成的群落环境中。所以，协同演化不仅仅存在于一对物种之间，也存在于同一群落的所有成员之间。正如在各个版本生态学教材中反复提及的坦桑尼亚 Serengeti 国家公园中狮子与野牛的共同演化。同时它们间的相互演化也影响着另外十种被食动物的演化，反过来也受后者的影响。狮子的这些猎物同时也是猎豹、鬣狗和野犬的捕食对象，它们都同样处于相互作用之中。另外，所有种类的捕食者之间也存在着互相影响、互相作用和互相竞争的关系。捕食者要适应各自的每一种猎物，而每种猎物也要适应捕杀它们的每一种食肉动物。因此就形成了一张纵横交错的物种协同演化、协同适应的大网。

下面是一个典型的植物、食草动物和食肉动物三个营养级的协同演化模型分析。基本上能代表产业链条中不同企业的角色与竞争状态。

和上文中所论述的协同演化过程一样，一个生物的种群对另一个种群的作用将会产生一种选择压力，在这种压力下，会形成一系列的适应。食草动物同植物之间的营养关系类似于捕食动物同猎物之间的关系，这在上节关于物种竞争对策和竞争行为内容中已经有所阐述，而由这些参与者共同形成的生物链条，及生物圈系统的动态协同演化模型，将逐级进行扩展。

1976 年，G. Caughley 首次对这一问题进行了简单分析，然后加入了食肉动物这第三个营养级加以扩展。

植物通常受水、日光、二氧化碳等许多资源的限制，而这些资源的再生又与植物种群密度没有关系。为了建立一个简单的植物种群增长模型，Caughley

把每单位面积上有限资源的可利用率命名为 g，把每单位生物量在自我维持时和保证下一世代仍维持等量生物量时的资源摄取率命名为 b。因此，在相同单位面积上，植物生物量 V 所利用的资源部分就是 bV/g，而未用植物生长的剩余资源部分就是 $1 - bV$。该植物种群的增长过程可表达为

$$\frac{dV}{dt} = r1 \left(1 - \frac{bV}{g}\right)$$
公式（4-9）

其中，r1 是植物的内禀增长率，当植物种群密度过低时，种群增长率 $\frac{dV}{dt}$

就接近于内禀增长率，但是随着 b 值的增加，$\frac{dV}{dt}$ 值就逐渐下渐。最后，V 值将稳定在一个最大值，此时 $bV = g$。如果植物种群最大密度用 K 表示的话，那么 $K = g/b.$ 此时，植物种群的增长方程就可以表述为

$$\frac{dV}{dt} = r1 \left(1 - \frac{V}{K}\right)$$
公式（4-10）

用常数 K 取代 g/b，只有在有限资源的更新率完全与种群密度无关时才是可能的，这一性质除个别情况例外，只适用于第一个营养级（即绿色植物）——企业分析中终端快速动消品行业具备类似行业特点，即与顾客数、人均收入等因素相关。

现在我们将食草动物引入上述模型，此时需要建立两个方程，一个用于描述植物种群的增长，一个用于描述食草动物种群的变化。第一个方程是在原方程基础上增加一项，以便表达受食草动物啃食的程度，即

$$\frac{dV}{dt} = r1 \left(1 - \frac{V}{K}\right) - c1H \left(1 - e^{-d}V\right) /V$$
公式（4-11）

在这个方程中，H 代表食草动物种群的生物量，c1 代表每个食草动物单位的最大食物摄取率（在食物过量供应的情况下）。当 V 减少时，动物便不再能充分取食，c1 便以 $(1 - e^{-d1}V)$ 的速率下降，当 V 趋近于 0 时，$(1 - e^{-d1}V)$ 也趋近于 0。d1 是一个常数，它决定着下降率，而且是食草动物取食效率的一个函数。可见，对食草动物来说，c1 $(1 - ^{-d1}V)$ 一项就相当于捕食动物的功能反应，用以表示食草动物摄取率对食物量变化所发生的反应。食草动物种群的增长率可推导如下

$$\frac{dH}{dt} = -a2 + c2 \left(1 - e^{-d2}V\right)$$
公式（4-12）

其中，a2 是在没有食物时的单位下降率，c2 是在食物丰富时单位下降率的改善率，$c2\ (1-e^{-d2}V)$ 一项则代表食草动物的数值反应，即在存活和生殖方面对食物密度所做出的反应。

下图是上述两个方程（植物和食草动物）的相互作用情况，最终两个种群都将趋于稳定，达到各自的平衡密度。

$$V^K = \frac{1}{d2}\ln\left(\frac{c2}{c2-a2}\right) \qquad\qquad 公式（4-13）$$

$$H^K = \frac{V^k r1\ \left(1-\dfrac{V^k}{K}\right)}{c1\ (1-e^{-d1\,V^k})} \qquad\qquad 公式（4-14）$$

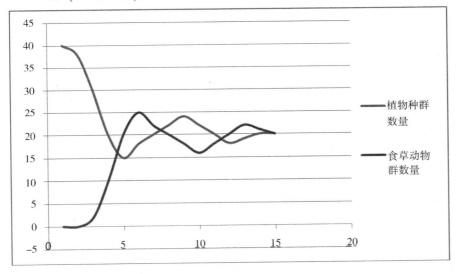

图 4-1 食草动物种群及其植物生物量的动态模型

上图 4-1 所描述的种群动态极好地模拟了自然界有蹄动物在种群数量大增长时期的真实过程，该模型变现出的增长形式与我们在自然界所观察到的是一致的。

如果把捕食动物猎杀食草动物引入上述模型，模型就会变得更加复杂，但其中的植物种群方程仍保持不变，即

$$\frac{dV}{dt} = r1\ \left(1-\frac{V}{K}\right)\ -c1H\ (1-e^{-d1}V)\ /V \qquad\qquad 公式（4-15）$$

但是，描述食草动物增长的方程会因加入食肉动物而变得复杂起来。

$$\frac{dH}{dt} = a2 + c2 \ (1 - e^{-d2 V}) \ -fP \ (1 - e^{-d3 H}) \qquad\qquad 公式（4-16）$$

对于食肉动物我们则采用一个新方程加以描述

$$\frac{dP}{dt} = -a3 + c3 \ (1 - e^{-d4 H}) \qquad\qquad 公式（4-17）$$

由这些方程所描述的整个系统将依据各种常数值，或是达到一种稳定平衡状态，或是表现为上下波动。图4-2是引入食肉动物以后的种群动态模型。

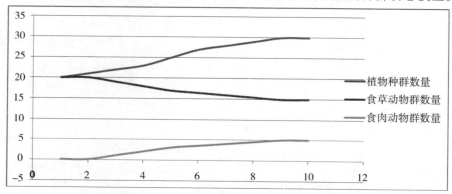

图4-2　将食肉动物引入植物-食草动物系统后的种群动态模型

图4-2系统协演化的过程，在描述了生态种群间的动态演化同时，也是我国家用电器产业发展的形象写照。

依据家电行业历年的统计年鉴和报告分析，我国彩电工业的起步可追溯至1971年由天津无线电厂（TCB）研制成功中国第一台彩色电视机。由于各种原因我国彩电工业在这个时期发展缓慢，至1978年共有电视机厂63家，合计产量51万台，其中彩电产量为3800台。进入80年代，随着改革开放的深入，我国彩电工业有了较大的发展，1980至1985年间大量彩电生产装配线引进。截止1985年下半年共引进113条生产线，彩电生产企业共计75家。而在关键零部件供给方面，当时国内的彩色显像管生产商只有陕西彩色显像管厂一家，其年产量为96万只，故不得不大量进口彩管。后来经过显像管定点分配阶段以及1988年抢购风潮，1989年，北京松下彩色显像管公司投产，1990年又有其他一些彩管厂投产，此后彩电企业数量和市场集中度均有一定的提升。1990年到1995年，市场的开放使得大量国外品牌彩电迅速占领国内市场，国产彩电的发展受到一定的抑制。1996年，长虹发动价格战，从此引发全行业的激烈竞争与整合。2000 至 2001 年，普通 CRT 彩电步入全面衰退，2002 年开始，长虹在背投领域、TCL、创维在等离子领域、康佳在液晶领域进行探索。至 2005 年，TCL、创维、康佳、长虹、海信和海尔占据了 53% 的市场份额，外国品牌如松下、索尼、LG、三星、飞利浦、东芝等占据 31% 份额。随着长虹 TCL、海信等在液晶领域投入加大竞争，各自的竞争形势基本未出现大的变化。至 2010 年国产彩电市场基本为 TCL、海信、长虹、创维、康佳、海尔所占据，几乎不再有小厂家的生存空间。同时，竞争的焦点由家电厂商彼此之间的竞争转至家电厂家与家电零售商之间的厂商博弈。发端于 90 年代的国美与苏宁，分别于 2003 年和 2004 年在香港和深圳上市后快速发展，并成为影响家电产业发展的主导力量。

在彩电及其上下游产业的发展演化历程中，彩管生产企业、家用电器厂家、家用电器零售商三者的数量变化与演化路径几乎是严格遵照图 4 - 2 中植物种群、食草动物群和食肉动物群的变化轨迹与历程，也是该系统动态演化的现实写照。值得说明的是，由于该部分研究内容更多集中于宏观产业层面，在生态学研究领域中与之对应的为生物群落的研究范式，并非该书关于战略演化等微观领域的重点研究对象，因此关于彩电产业的趋势分析中并没有涉及更细的数据统计与分析。

4.3　本章小结

本章我们介绍了演化中的竞争对策和协同竞争。从演化中的动态竞争以及博弈论在行为生态学中取得的研究成果借鉴上，我们探讨了进化稳定策略（ESS）的现实意义和模型。即结合博弈论相关知识和 ESS 进化稳定策略说明如何进行有效地竞争，并借鉴协演化和协同竞争理论说明了这一竞争对策与行为如何扩展至产业链中其它相关参与者进而带动选手间的相互演化与提升，从而说明竞争对策的互动性以及协同竞争的相互扩展特点成为战略演化的动力基础。

第五章

市场选择

市场选择过程其实就是市场对企业一系列战略行为的评价与筛选过程，因此这一过程涉及企业本质分析和生态角度上企业生态位的表达、企业经营过程的模型描述、企业适应度指数的评价以及市场对企业战略行为的标价与选择过程等内容。

5.1 企业本质与经营过程的生态分析

20世纪70年代以来，生态学思想正在向经济管理领域渗透融合，把生态学的思想、理论和方法应用于企业管理的研究已经成为一个世界前沿课题和研究趋势。资深科普人士布林尼明确指出，生态学家和经济学家研究的往往是同样的课题，如资源的可利用度、供求关系、竞争以及创新与变异和环境与市场选择等。管理大师杜拉克也自称，他更认同别人对其的称谓不是"管理学家"，而是"社会生态学家"。由此可以看出，将生态学理论用之于企业管理领域的分析是一种非常值得肯定的研究方向。就微观领域来说，把生态位理论和生态因子学说应用于企业经营战略研究，则更是近年学术界的一个新动向，也是一个值得深化的课题。纵观国内外关于企业生态位的理论成果，对企业生态位概念、内涵的研究已十分深入，对企业生态位特征、生态因子的看法也越来越趋向于统一。但如何准确地分类企业生态因子？生态因子学说视角下如何看待企业的社会角色与经营本质？则一直是企业生态位理论研究尚未有共识的难点问题。该书在借鉴学术界已有关于企业生态位和生态因子研究成果的基础上，尝试从企业生态位理论角度分别对企业和企业经营过程进行探讨，并依此构建企业以及企业经营过程的生态因子模型，从而试图对企业本质的认识有进一步的理解与深化。

5.1.1　企业的生态位模型

生态位理论是现代生态学中一个非常重要也非常有应用价值的概念。所以，社会与人文管理学家经常借用其理论和模型以研究和指导人们的社会管理实践。正如第二章文献综述中的梳理分析，国外学者中，Hannan 和 Freeman 于 1977 年的论文"组织种群生态学"中首倡企业生态位概念，从而打开了企业生态位研究的序幕。其实，从其论文说明来分析彼时的 Hannan 和 Freeman 指的是企业种群生态位，他们认为企业种群生态位是企业在战略环境中占据的多维资源空间（Hannan 和 Freeman，1983）。随着经济的全球化和技术创新速度的加快，企业生存和发展的问题愈发引起人们的关注，生态位理论也被引入到企业战略管理等微观理论中，用以描述和分析企业之间的竞合关系。而企业个体生态位理论（又称企业微观生态位理论）认为之前的种群概念太过笼统，以致于把种群内企业过于同质化从而无法体现个体企业之间的差异和特色（Baum 1994）。该书也认为，在实践经营中正是由于这些差异和特色给企业的竞争带来了不同的收益，而这些差异与特色也恰恰是企业管理者们所关注的重点与焦点所在。因此企业个体生态位理论在引入种群生态位的大部分观点的同时，更强调从企业个体的角度关注生态位问题。也正因为如此，相对于种群生态位理论的宏观与相对超然的旁观角度，有部分学者认为企业微观生态位的概念比种群生态位在指导企业商业具体实践上更有价值。它不仅可以成为联系企业单体战略管理和企业种群生态学之间的桥梁，更可以为企业战略制定与选择提供新的思路。

企业生态位现象自 2002 年开始越来越多地被我国学者所关注：钱辉利用突变模型从生态环境要求方面对企业生态位进行了评价（2004）[①]；刑以群、吴征论述了企业生态位的基本概念以及影响企业生态位跃迁的环境因素（2005）[②]；颜爱民则运用生物生态位态势理论，从"态"和"势"两方面设计指标体系，构建企业生态位评价模型（2008）[③]。以上所有这些研究为我国企业生态理论发展奠定了基础，也为后来者在其基础之上开展进一步研究拓展了

①　钱辉. 生态位、因子互动与企业演化［D］. 杭州：浙江大学，2004。

②　邢以群，吴征. 从企业生态位看技术变迁对企业发展的影响［J］. 科学学研究，2005，23（4）：495～499。

③　颜爱民. 企业生态位评价模型构建及实证研究［2008－06－02］http：//www. paper. edu. cn。

思路。

通过以上分析可以看出，国内学者的研究方向与国际趋势一致，即该领域国内外学者关于企业生态位理论的研究主要围绕着企业种群和企业个体两条主线进行探讨。企业生态位研究的这种既"种群"又"个体"，既"宏观"又"微观"的研究方法，恰恰暗合了企业发展演化以及战略制定的逻辑，从而使得该理论在研究企业发展和战略演化问题中更具价值。

（1）企业生态位理论与企业生态因子

基于以上的分析我们可以看出，企业种群生态位理论的研究视角和对象与产业和区域经济学的研究方法比较接近，而企业生态位理论的研究内容与研究方法则更接近于管理学领域的方向。企业生态位理论更着重于企业的微观分析与个体研究，也更能揭示同一产业群不同企业之间经营业绩的差异。最初，鲍姆（Baum，1994、1996）等人从企业生态位的角度对企业创建进行了详细的研究，提出了企业个体生态位的概念。他认为一个企业占据一个生态位，企业生态位描述了群落中个体企业对不同资源的需求和生产能力情况①。企业生态位是企业资源需求和其生产能力的交集，它依赖于企业所处位置以及它做什么。生态位不同，企业面临的竞争空间也不相同。资源需求和生产能力相似的企业拥有相同的生态位。企业生态位的环境影响因素包括环境规则和生态学要素（竞争、政治和技术等）。

从生态位的研究内容可以看出，企业生态位是一个与环境资源需求相关的量。其核心思想是界定企业与环境的物质交换特征，包括生产资源的获得和产品利益的交换。因此可以认为影响企业从环境中获得资源及换取利益的环境因素即是企业的生态位环境要素。在生态学上，所有这些生态位环境因素被称为生态因子。而关于企业生态因子的分类与界定，学者众说纷纭，各自从不同角度进行探讨，尚未有统一的结论。

Hannan 和 Freeman（1977）从技术的角度对生态因子进行了研究，认为技术是影响种群分类及密度的关键因素。随后他们又融合了 Zucker（1983、1987）等人的观点，在生态位因素中又引入了制度的概念。为了更细致地研究企业生态因子，同时也为了将该研究深化至可操作层面，许多学者在以上基

————————

　　① Baum Joel A C, Jitendra V Singh. Organizational niche and the dynamics of organizational founding [J]. Organization science, 1994.

础上进行了更细致地挖掘与具体化①。同时，其它学者也针对技术与制度的评价指标子系统进行了更具可操作性的研究，如 Stuart 和 Podolny（1996）提出根据企业拥有相同技术专利的数量来确定企业的技术生态位②。

另一面，部分学者从另外角度和研究理论也对企业的所处环境进行了研究，这之中以战略管理学派的环境分析最为著名。Porter（1980）提出的企业竞争的五力模型，概括了企业竞争环境由同行企业、供方、买方、替代品厂商、潜在进入者等要素构成。而著名的企业战略环境分析 PEST 模型，基本上从政治、经济、社会与技术等方面对企业环境因素进行分析。梁嘉骅等（2002）则把企业生态环境分为三类：经济生态、社会生态、自然生态。

从以上分析可以看出，具体来说，有关企业生态环境的构成，一般认为基本上由地理位置、资源需求、技术、制度、法规、政治、顾客特征、竞争状况等因素决定。只不过，由于层次与影响度的差异，不同的学者有不同的研究与表述。学者们承认，企业的生存环境中存在着许多生态因子，这些生态因子作用的性质、特征和强度等方面各不相同，它们彼此之间又相互制约、相互组合，构成了多种多样的生存环境。企业生态因子虽然很多，但具体到生态位上表现为基础特征的因子却不是很多。经过长时间的探讨与争论，至少在企业生态领域，现在已有相当的企业生态学者越来越倾向于以大致相当的原则对企业生态因子进行分类。依据其性质，并在众多学者进行了序参量的分析去除交互影响因素之后，以上这些直接外部环境要素基本归为四类：需求、资源（主要指加工对象资源）、技术和制度。也就是说以上四类要素构成了企业生态位因子：需求因子，包括顾客的现实需求和潜在需求，直接反映到企业层面的是顾客对企业可提供产品的需要程度；资源因子，主要指企业生存需要的直接生产要素条件，如资金、劳动力、原材料、自然资源等；技术因子，具体到企业层面主要是指技术惯例和技术规则；制度因子，主要指市场法规、社会理念、政府的环境规制和政策等。

（2）企业生态因子与企业生态位模型

生态因子的研究（即生态位环境要素及其识别）是企业生态位理论的关

① Fereman, John and M. T. Hannan. Niche Width And The Dynamics Of Organizational populations［J］. American Journal of sociology. 1983, 88: 16～45.

② Stuart, Toby E. and Joel M. Podolny. Local Search And The Evolution of Technological Capabilities［J］. Strategic Management Journal, Vol. 17, 21～38.

键问题。由上面的介绍可以看到，关于生态因子的界定与分类并没有一个非常统一的明确概念。特别是在以上定义中关于"资源"一词的界定，经常与企业资源管理学派的理解有较大的出入。而这种字面与语义的定义和理解不同，也给认识企业实质带来相当困扰。针对这一问题，该书需要特别指出的，企业资源管理学派中对资源的定义是一种"广义"上的资源，而在上文关于企业生态因子的阐述中，资源一词专指加工生产用资源。

事实上，对企业而言，任何能够以单独形式出现的有价值的物质均是资源，在企业生态因子的分类与梳理中，可以明确看出这里强调的是"单独"的概念，只有可以分解成独立的形态，物质才能够被整合到一起，从而组成更为复杂的机体。从严格意义上讲，需求对企业来讲也是一种资源，但鉴于需求对企业存在的极度重要性，一般研究均把需求独立进行研究，而把资源仅看成一种生产要素。如，Penrose（1959/1995）、Teece（1997）、Chatterjee（1991）认为，在企业资源和产品市场之间存在着主从关系，即企业从要素市场中获得资源，然后将产品供应到某一市场中①。因此，企业的生产主要体现在从外界获取资源和向顾客提供需要的产品或服务。同理，技术和制度从广义上讲也属于企业资源的范畴，虽然它们在企业发展中事实上最终也发挥着资源的作用，但是技术和制度对企业有着非比寻常的催化作用，且这两者有着很清晰的自身边界，存在着自身运行的独特规律，它们是如此的重要，以至于一般在经济和管理研究领域均把这两者视为独立变量进行讨论。所以，该书在最终把需求、技术和制度作为独立因子进行分析，并与（加工）资源一起构成四个主要的企业生态因子。

在以上需求、资源、制度、技术构成的四类企业生态因子中，传统意义上的区分是：需求和资源因子为利导因子，技术因子和制度因子为限制因子。该书的观点则认为，需求是纯粹的利导因子。资源则有两种属性：具有吸引力的外部资源构成利导属性，而已经内化的资源则构成企业资产的一部分；制度是纯粹的限制因子。技术同样具有两种属性：尚未内化的技术是企业发展的限制因子；而已经内化的技术则构成企业资产的一部分，并且企业在该部分技术支持下不断突破限制因子的限制效应进行扩充与发展正是企业经营的目标与方向

---

① Teece, David J. , Gary Pisano and Amy Shuen. Dynamic capabilities and strategic management. Strategic Management Journal. Aug1997, Vol. 18, 25, 509.

所在。

基于以上的分析，借鉴 J. Grinnel 和王刚等（1998）提出的人类生态位域的数学表达式，我们这里用一个条件集合函数来表示企业生态位的数学模型：

$$Y = f_i(D, R, S, T \mid S, T) \qquad 公式（5-1）$$

其中，Y 是企业 i 的生态位

D 代表企业的需求因子

R 代表企业的资源因子

S 代表企业的制度因子

T 代表企业的技术因子

f 则表示当时时点上以上四类因子在企业生态位上的转化函数，即在技术、制度限制因子和需求、尚未内化的资源利导因子共同作用下的功能函数。同时，以上企业生态位的数学模型也显不出了制度与技术的限制因子角色。

所以，通过以上的分析可以看出，企业生态因子视角下企业的实质是一系列生态因子的集合体，这些生态因子的组合以及转化函数 f 结构化配置决定了企业的生态位，也决定了企业在环境中的竞争态势。

5.1.2 企业的经营过程模型

经过对企业生态位的探讨，从生态角度我们对企业的本质有了新的认识。要想进一步认识企业的社会角色，还需要对在此视角下企业的经营过程再做研究。该书认为，企业生态因子视角下企业的实质便是一系列生态因子的集合，企业经营过程则是在利导因子激励与限制因子约束下，生态因子集合变化的动态过程。之所以在说明企业的实质之后又对企业经营过程进行探析，是因为唯有如此才能更切实地理解企业的社会角色实质。关于企业角色的定义与分析，既往的文献研究中多是将企业与企业的经营过程二者放在一起进行说明，该书为了更明确认识生态视角下企业的社会角色，将企业和企业经营过程二者分别予以解析。

关于企业的社会角色实质，理论工作者一直进行着不懈地探讨：新古典经济学把企业看作一个消耗各种生产要素的生产集，企业是整体价格体系中的一个节点，是一个单纯的生产者。由于新古典经济学没有把企业"黑箱"打开，因此不能解释企业的内部结构和管理关系。同时，这种以"企业生产"为核心理论框架忽略了对企业组织特性的研究（杨小凯，1994），所以也无法解释同一产业中不同企业的经营差异。交易成本理论认为企业是资产专用性、有限理性和机会主义混合体构成的"合约人"（威廉姆森，1985）。契约理论认为，企业是一个充当众多个体间合约集结点的法律实体，可以看成一个标准形式的契约（Jensen 和 Meckling，1976）。"企业是契约结"的观点有助于认识企业与雇员、供应商、顾客、债权人和其他利益相关者之间的合约关系，有助于人们关注经理市场的重要性。产权理论则把企业看成"产权集"（Hart，1995；Alchian and Demsetz，1972）。企业本身是由众多要素产权通过契约构成的法律实体。

以上理论及其评价是在文献综述中曾经提及的内容，现在再次加以深度分析可以看出，这些研究更多是从静态和社会交易属性的角度考量的，有时弱化了企业的能动性与活性，而这种活性又恰恰是企业研究的重点与兴趣所在，也是企业生态学研究的目标与价值点。因为企业在社会经济生态环境中有着明显的生物特性，所以企业是一个活的有机体。同时，作为一种生命体，它具有明显的智慧特征。拥有了智慧，企业就具备了掌握自己命运的能力，在接受环境影响的同时，可以通过自身有意识的活动，可以改变自己的演化方式和路径。也正是这一点使得许多企业生态学者在进行企业现象研究时，更多采用了拉马克生态学说。

企业生态学这种"有机、动态"的研究方式是一种非常具有意义的研究理念，对实践的解释与指导也非常有价值，是一种非常值得肯定的研究提升。这一点，从企业资源观向企业能力学说的发展便可以得到验证。从企业资源观到企业核心能力学说的发展与进步则非常生动形象地肯定了这一"有机、动态"的研究理念和研究方向。关于企业资源观、企业核心能力学说以及资源、能力等相关概念的分类界定不是该书研究的重点，这里仅在企业层面对这两个概念提出相关的认识，以帮助解读上述关于企业经营实质的论断。具体来讲，该书基于企业生命体的前提，把企业作为一个"整合者"的角色，从而对资源与能力两个概念进行梳理：第一，资源是可以被单独使用或利用的有形或无形物质。这里强调一种"被动"的位置，资源是从属性的，它们不会主动的为企业带来什么，一切需要企业去利用和创造。第二，能力是依附于资源并使之产生价值的组合行为或活动，资源特别是两个以上资源群是能力发挥作用所必需的。从生命体的角度看，企业具有物质与精神两方面的属性。资源是企业的物质构成，而能力则是企业智慧的表现形式。有了能力，企业就可以主动的寻找、制造和获取资源（这些资源有内部的，也可以是外部借助的），然后把众多独立的资源整合在一起产生出新价值，最后把市场的需求与产生出的价值结合，得到企业所需的收益。能力是促进企业生命流转的内在力量，资源是"死"的，能力是"活"的，资源需要能力的整合与运用才能产生效用，但单独发挥生产作用的却不是能力，而是资源。关于这一点可以借用波特的价值链帮助理解：如果把资源比喻为企业价值链中的各个环节的话，能力就是把这些环节连在一起的粘合力量。根据以上分析，可以看到能力具有两个明显的特征：一方面，能力依附于资源，其作用需要资源群的协作才能够外显，而资源之所以可以组成复杂的结构形式，是因为能力的粘合作用；另一方面，能力是动态的，能力是一种组合活动，能力诉之于实践行为，能力是企业实践的需要，并在不断的尝试、纠偏、经验积累中得到提升。关于资源与能力的分辨，实际操作中可以如下简单判断：能够独立分割并被利用或使用的，是资源；依附于资源群，并使用和利用资源产生价值的，是能力。能力是主动的，资源是被动的。如，虽然企业家精神依附于企业家身上，但企业家具有独立个体特性，企业家精神必须在包括企业家在内的企业资源运用的过程中才能体现出来。因此，企业家精神是一种能力，而企业家则是一种资源，因为企业家精神是一种整合资源创造价值的行为，不可以简单的复制与传播；而企业家则是一种人力资源，可以单独聘任和使用。同时，从静态与动态来分析，作为资源的企业家个体在不同阶段与环境下体现出来并表现为能力的企业家精神可能是不同的。

通过以上关于企业社会角色定义的理论梳理，特别是关于企业资源和能力的解析，结合上文关于企业生态因子的探讨，我们提出以下结论：企业的经营过程，实质上便是在制度与技术限制因子的约束下，在企业能力的驱动（这里我们称之为"内驱力"）基础上将企业这个资源集合体不断拓展，将社会外部资源（此处指广义上的资源）进行"资源内化"的过程。已经内化了的资源更多以企业资产的形式存在和表现，而需求与已经内化的技术因子则构成了企业"内驱力"的构成因素。

明确了以上概念，结合上文中关于企业生态因子模型，我们便可以将本部分关于企业经营过程实质的文字论断抽象为以下的数学模型来表达。企业经营过程 P 即是随着时间 t 的推移而不断将"资源内化"的过程，在企业生态视角下表现为提升企业生态位的过程。所以其数学表达为：

$$P = \frac{dY}{dt} = \frac{d\ (f_i\ (D,\ R,\ S,\ T \mid S,\ T \mid\ ))}{dt} \qquad \text{公式(5-2)}$$

其中，P 代表企业的经营过程

Y 代表企业的生态位

t 代表时间变量

以上微分方程表示企业经营过程 P 是一个将企业生态位提升的过程。这一过程从企业经营现实来看也是通过"资源内化"的方式不断将企业做大、做得更具价值的过程。

5.2 企业战略的行为生态学评价——企业的适应度指标

在生物学中，生物的适应性指生物体对所处生态环境的适应能力。适应性（adaptation），即通过生物的遗传组成赋予某种生物的生存潜力，它决定此物种在自然选择压力下的性能。生物的适应性是通过长期的自然选择，需要很长时间形成的，是生物体与环境表现相适合的现象。生物对环境的适应既有普遍性，又有相对性。我们知道，生物都生活在非常复杂的环境中，时刻受到环境中各种生态因素的影响。生物只有适应环境才能生存繁衍，也就是说，自然界中的每种生物对环境都有一定的适应性，否则早就被淘汰了，这就是适应的普遍性。但是，每种生物对环境的适应都不是绝对的、完全的适应，只是一定程度上的适应，环境条件的不断变化对生物的适应性有很大的影响作用，这就是适应的相对性。

适应性是生物存在与发展的核心与关键，所以也是生物学研究的中心问题。所有的生物都要适应环境才可能得以生存、演进与繁衍，这也是"适者生存"的理论基础。

在生物演化分析中，衡量生物与所处环境的适应性，一般有三个指标：生存状态、繁殖效率和对资源的利用效率。生存状态指当代生物体的生存状况，其指标越强，表明其拓展生存空间的能力越强；繁殖效率指将目前生存优势传递至下一代际的能力，这一指标越强，意味着该物种越有可能保持其生存竞争优势越长时间；对资源的利用效率指达到目前某一特定生存状况与生存水平所需要的环境资源量的多少，对资源的利用效率高低也就是该物种对所依赖外部环境资源的单位产出多少，利用效率越高表明其对环境的压力越低，在同样的环境资源与挑战面前，也越有可能使自身更多群体得以生存，同时由于该指标考虑到对环境和资源的利用与压力，所以该指标也是衡量某生物可持续发展能力的重要依据。以下是其适应度评价示意模型：

$$a = \Pi\ (\ C,\ E,\ F,\ )$$ 公式（5-3）

其中，适应度函数 a 为生存状况 C（condition）、资源利用效率 E（efficiency）、繁殖效率 F（fecundity）的函数。

借鉴以上生物学中关于生物适应性评价指标的理念，我们构建如下的企业适应度评价指标体系。

（1）生存状况指标 C——衡量企业目前运营状态

生存状况的评价维度考量的是企业目前战略的运行状态，也即是在当前战略的执行与竞争中，企业生存得如何。结合该理念，考虑到指标考核内容的指向性与数据的可得性，这一维度我们通过市场层面和财务层面的指标进行评价。

市场层面指标用市场占有率来衡量。市场占有率又称市场份额，市场份额（market shares）指一个企业的销售量（或销售额）在市场同类产品中所占的比重，直接反映企业所提供的商品和劳务对消费者和用户的满足程度，表明企业的商品在市场上所处的地位，也表明企业对市场的控制能力。市场份额越高，表明企业经营、竞争能力越强。它在很大程度上反映了企业的竞争地位与生存态势。市场占有率的大小表明顾客对该企业提供产业与服务的接受程度，所以该指标也意味着企业战略影响的广泛性，也是战略成功的一个重要标志。我们用该指标衡量企业战略运行效果影响程度的大小。

财务层面的指标用净资产收益率来衡量。净资产收益率（ROE）是公司税后利润除以净资产得到的百分比率，该指标反映股东权益的收益水平，用以衡量公司自有资本的运用效率与状态。指标值越高，说明单位资本投资带来的收益越高，企业的效益越好。我们用该指标衡量企业战略运行效果的质量。

考虑到企业战略的目标不但是要在市场上占得大铺得开，还要在财务经济层面活得好，收益高，所以我们选择以上两个指标作为衡量企业生存状况的评价要素。在一般企业绩效的具体评价中，这两个指标分别使用，这里为方便生存状况的衡量，我们在进行数据处理后建议以市场占有率和净资产收益率的百分数之和作为生存状况指数 C。

$$C = \sum\ (\ Ms * 100,\ ROE * 100\ )$$ 公式（5-4）

（2）繁殖效率指标 F——衡量企业优势的可遗传程度

如果说在衡量企业战略适应性的指标体系中，生存状态 C 侧重于竞争效果评价的话，繁殖效率则是衡量企业将竞争优势向未来传递效果的重要指标。具体来讲，繁殖效率指标 F 则更多指向的是企业的创新与变革效益，是侧重于企业当前资源优势在下一阶段中的传递与展现。具体来说可以企业战略的各项创新行为的效果来衡量。考虑到衡量企业战略的投入与产出效果评价的广泛性与因素的多元性，我们这里引入 DEA 数据包络分析方法来对企业的投入产出效益进行评价。

在此，关于衡量企业适应度的繁殖效率指标 F 方面，我们做如下界定：

$$F = DEA\ \left(\frac{Output}{Input}\right) \qquad\qquad 公式（5-5）$$

（3）资源利用效率指标 E——衡量企业的可持续性发展程度

正如前文所指出，对资源的利用效率是衡量达到目前某一特定生存状况与生存水平所需要的环境资源量的多少。所以，对资源的利用效率高低也就是该物种对所依赖外部环境资源的单位产出多少，表明该物种对环境和资源的压力大小程度。生物资源利用效率越高表明其对环境的压力越低，在同样的环境资源与挑战面前，也越有可能使自身更多群体得以生存。更为重要的是，同时由于该指标考虑到对环境和资源的利用与压力，所以该指标也是衡量某生物可持续发展能力的重要依据。对企业战略演化来说，它是衡量企业是否做得久，是否能基业长青成为百年老店的重要因素。

在一般的财务分析中，经常用净资产收益率来作为企业自有资产运用效率高低的衡量指标之一。但是，相对当前的净资产收益率，人们更看重的是企业未来创造价值的前景。所以，在资本市场上我们可以看到，影响企业市值大小的最关键因素并非当期的净资产收益率。大量的 IT 企业因为其高成长性和良好的未来预期，在净资产收益率很低时仍表现出极高的市场价值。考虑到资本市场的标价体系和企业投入之间的关系，我们用"托宾 Q"系数来作为企业资源利用效率的指标。

"托宾 Q"系数，也称托宾 Q 比率，是经济学家托宾于 1969 年提出了的一个著名系数，即资本的市场价值与其重置成本之比。托宾的 Q 比率是公司市场价值对其资产重置成本的比率，反映的是一个企业两种不同价值估计的比值。分子上的价值是金融市场上所说的公司值多少钱，分母中的价值是企业的

"基本价值"—重置成本。公司的金融市场价值包括公司股票的市值和债务资本的市场价值。重置成本是指今天要用多少钱才能买下所有上市公司的资产，也就是指如果我们不得不从零开始再来一遍，创建该公司需要花费多少钱。

托宾 q 沟通了虚拟经济和实体经济，这一比例兼有理论性和实践的可操作性，在企业价值等方面有着重要的应用。托宾 q 将资本市场与实业经济联系起来，揭示了货币经由资本市场而作用于投资的一种可能。同时，该比值也更形象地阐释了企业资产在资本市场的溢价，所以托宾 q 值常常被用来作为衡量公司业绩表现或公司成长性的重要指标。相对于净资产收益率而言，托宾 q 更适合作为公司净资产在资本市场的标价效应。该指标更形象地说明了，在考虑到机会与时间成本等因素以后，公司目前的资产在创造未来收益上的潜在价值。考虑到前面论及的公司是一种内化的资源属性，所以，它作为公司资源的利用效率指标是适合的。因此，在衡量企业对环境资源的利用效率指标 E 方面，我们做如下界定：

$$E = TobinQ = \frac{\text{Market Capital}}{\text{ReCost}} = \frac{Market\ Cap}{Assets - Liabilities} \qquad 公式（5-6）$$

其中，Market Capital（$Market\ Cap$）为公司市值

ReCost 为重置成本；Assets 公司资产；Liabilities 负债

在以上三个关于生存状况指标 C、资源利用效率指标 E、繁殖效率指标 F 的界定基础上，我们便可以计算关于评价企业战略适应度的适应指数 a 的如下表达式：

$$a = \Pi（C，E，F，） \qquad 公式（5-7）$$

需要说明的是，该适应指数中各分指标体系是可以调整的，特别是关于繁殖效率指标 F 的输入输出项的选取上，由于不同产业竞争中关注的投入与产出要素不同，因此指标的构成上也可以有所差异，但该繁殖效率指标 F 所指向的创新战略行为的效益衡量理念是应该保持一致的。关于这一点，在下节的理论与工具案例应用上体现得更加明显。

5.3 市场选择过程的生态学模型

市场选择机制的主要作用是对企业战略的变革与创新机制以及随后的企业间的竞争行为进行比较筛选进而实现优胜劣汰的过程。在生物界，某些变异后

的个体会比另外一些生物体更适应环境，于是这些变异后的个体得到环境的选择实现其基因的遗传，这就是所谓的适者生存。需要指出的是，并非所有的变异都是"正向"的，相当的变异是不适应环境发展方向的。因此如果没有外部环境的选择机制，变异之间的优劣便无法得以区分，优良的变异基因也就无法在生物种群中得到遗传与扩散。

与生物的自然选择一样，在企业战略的演化过程中，市场的选择机制对企业战略的演化也是相当重要的。对企业战略来说，市场选择的重要作用便在于对企业中变革机会所产生的大量创新行为进行有效的评价与筛选。与生物的变异行为相类似，企业战略的变革并不意味着所有的变革行为都是富于竞争力的，所以还必须用市场加以判断与选择。纳尔逊和温特特别说明，企业变革行为的对与错不是由企业自己而是由市场做出评判。市场选择的过程，就是对企业战略的变革行为进行优胜劣汰的过程。如果没有这一机制，便会形成优不胜劣不汰的局面，从而降低社会运行效果与效率。市场对企业战略行为的选择标准便是该行为的适应度。

上节我们引入了表达企业适应度的指标 A，并以此指标来作为企业适应环境能力大小的衡量指标，也即是以此界定企业战略竞争力强弱的指标，并结合产业实例对其构成体系进行了定量介绍。

然而，将视角从企业自身跳出外移至市场立场上，我们会发现：市场对企业的标价与选择并不仅仅与企业自己积累的"内化资源"有关，还与其成长潜力和市场前景关联度极大。这一点，在 IT 产业上体现的非常明显。一些并不盈利但颇具市场潜力的企业估值比那些已经盈利且账面资产表现良好但未来发展有限的企业高得多。这些资本市场的新现象在带来企业定价模型成为热点与争议的同时，也让人们再次引发对企业成长的关注。这一点，从目前实践人士对企业成长目标的追求变化中也体现出来。以前人们一心想将企业"做大"，甚至于做大就成为成长战略的本身而不是成长战略的结果。现在，业界越来越平和地意识到，企业要做得更具价值，就要求不只做大，还要做强，更要做久。而体现这一目标的三个变量，便分别是企业的生态位 Y、企业的适应度 A 和时间变量 t。也即是说，市场对企业的标价与选择逻辑模型是如下所示：

$$\begin{cases} \max P = \dfrac{dY}{dt} = \dfrac{d\,(f_i\,(D,\ R,\ S,\ T\,|\ S,\ T\,|\ ))}{dt} \\[2mm] st \end{cases}$$ 公式（5-8）

$$\begin{cases} a = \pi\ (C,\ E,\ F) \\ S \subset a \\ T \subset a \end{cases}$$

其中，适应度函数 a 为生存状况 C（condition）、资源利用效率 E（efficiency）、繁殖效率 F（fecundity）的函数。S 和 T 分别为生存位中的限制因子，与 a 共同构成对 P 的价值最大化 max 追求过程中的限制因素。

以上模型表明，市场对企业的选择过程，也就是企业在适应指数限制的情况下，将企业生态位随着时间变量 t 不断提升向着极大化发展的过程。（对此，有学者提议将企业的适应度指标 A 作为 Max 极值化的目标，认为企业的发展目标便是追求对所处环境最佳的适应度。但是，我们认为，将企业对市场的适应度作为其发展的手段而不是目标更恰当些，毕竟企业的经营过程是追求其价值的最大化而不是追求对市场的最适度，企业的经营过程是不断突破各限制因子而实现增值的过程。这个增值的过程，也便是市场对企业价值标价的过程，也是市场对企业的选择过程。）同时，该函数表明，企业的战略和市场竞争之间存在着一种挑战和回应的相互关系。在市场中，各个企业战略参与市场竞争，并从竞争中获得收益，进而形成了企业战略与竞争性市场环境之间的相互依存关系。而在此战略与市场的相互作用过程中，只有那些对市场适应度最高的企业战略本身才更能被选择出来，完成随时间变量的演化过程。

5.4　企业适应度的案例评价分析

为具体说明以上基于行为生态学企业战略适应能力评价方法的应用，我们以某一产业的具体企业案例进行一个基于现实数据的评价示范。

5.4.1　评价产业与目标公司选择

互联网 IT 产业是当前演化最为活跃的产业领域，互联网公司一直是风险投资关注的重点领域，同时考虑到 IT 行业对我国经济的重要意义，这里我们将运用上节所列的评价企业适应能力的理念与研究范式来重点考察一下经典的互联网综合门户网站的适应度指数。

在该产业的目标公司选择中，我们选择经典的三大门户网站：新浪、搜狐、网易和近年由 IM 之王向其它领域广泛进军的腾讯公司。以上公司分别为美国和香港公开上市的综合互联网门户网站，新浪、搜狐、网易更是几乎同时在同一资本市场 Nasdaq 上市，资料相对公开透明而且数据可得性强，同时从市场地位上看，这四家公司又是互联网门户网站的标杆代表，因此这里我们将该四家公司列为评价案例。

腾讯公司（香港联交所：股票代号 700)），成立于 1998 年 11 月，是目前中国最大的互联网综合服务提供商之一，也是中国服务用户最多的互联网企业之一。提供互联网增值服务、移动及电信增值服务和网络广告服务。通过即时通信 QQ、腾讯网（QQ. com）、腾讯游戏、QQ 空间、无线门户、搜搜、拍拍、财付通等网络平台，满足互联网用户沟通、资讯、娱乐和电子商务等方面的需求。

新浪（NASDAQ：SINA），创建于 1998 年 12 月，由四通在线与美国华渊资讯合并而成，于 2000 年 4 月在 NASDAQ 上市。新浪是中国的四大门户网站之一，和搜狐、网易、腾讯并称为"中国四大门户"。目前，旗下五大业务主线：即提供网络新闻及内容服务的新浪网、提供移动增值服务的新浪无线（SINA Mobile）、提供 Web 2.0 服务及游戏的新浪互动社区（SINA Community)、提供搜索及企业服务的新浪企业服务，以及提供网上购物服务的新浪电子商务（SINA E – Commerce）。向用户提供包括地区性门户网站、移动增值服务、搜索引擎及目录索引、兴趣分类与社区建设型频道、免费及收费邮箱、博客、影音流媒体、楚游、分类信息、收费服务、电子商务和企业电子解决方案等在内的一系列服务。

网易公司（NASDAQ：NTES），创立于 1997 年 6 月，为中国第一批互联网企业，2000 年 7 月上市。网易在开发互联网应用、服务及其它技术方面有相当优势并保持业界的领先地位。凭借先进的技术和优质的服务，曾两次被中国互联网络信息中心（CNNIC）评选为中国十佳网站之首。目前提供网络游戏、电子邮件、新闻、博客、搜索引擎、论坛、虚拟社区等服务。

搜狐公司（NASDAQ：SOHU），创立于 1996 年，1998 年正式更名为搜狐，2000 年 7 月上市。随着多项收购的完成，业务涉及领域逐渐广泛，构成所谓业务矩阵。搜狐矩阵所提供的互联网服务从媒体资讯、无线增值、互动沟通扩展到产业服务、搜索引擎、网络游戏和生活服务等多个领域。

5.4.2 评价指标细化与说明

正如我们在上节讨论适应度指数时所指出的那样，生态学理念下关于评价生物环境适应性的三个指标：生态状况 C、资源的利用效率 E 和繁殖率 F 只是一个评价原则，具体如何落实在操作层面是需要因地制宜地进行细化的。考虑到综合门户网站的产业特征和适应度指数的评价体系，我们如下细化适应度的评价体系。

5.4.2.1 生存状况指标 C

$$C = \sum \left(Ms * 100, ROE * 100 \right) \qquad 公式（5-9）$$

在以上生存状况指数的关系式中，净资产收益率 ROE 可以通过分析企业财务报表而得，但互联网综合门户网站的市场占有率却难以找到类似其它行业市场占有率百分比的权威发布。因为综合门户网站提供的产品与服务与传统其它产业不同：传统产品有严格的互斥性和排它性，顾客基本只能在不同提供商中择一，所以可以用百分占比来衡量市场占有率。而综合门户网站所提供的服务，其互斥性和排它性并非如此严格，顾客可以同时选择不同的门户网站。所以，业界更倾向于根据访问流量对网站进行综合排名的方式来表示各家网站的市场地位与影响力。

5.4.2.1.1 市场影响力指标

业界与资本市场在评估网站的价值时，更多依据其在行业领域内的影响力，收入的多少在业内从来不用以衡量站点价值。这一点，通过大量的风险投资机构的投资行为也可见一二。大量被风险资本关注的网络站点基本均未盈利，但只要有流量和影响力，其价值仍可得到资本市场的认可。而其评判标准基本是：Alexa 排名、网站流量、日常维护量、Pagerank 等指标。

（1）互联网综合门户网站的市场影响力与 Alexa 排名

Alexa 排名是指网站的世界排名，主要分两种：综合排名和分类排名，Alexa 提供了包括综合排名、到访量排名、页面访问量排名等多个评价指标信息，为当前较为权威的网站访问量评价指标。Alexa 是一家专门发布网站世界排名的网站，创建于 1996 年 4 月。Alexa 每天在网上收集超过 1000GB 的信息，在给出多达数十亿网址链接的同时，还为其中每一个网站进行排名。因此，Alexa 是世界上拥有 URL 数量最大，排名信息发布最详尽的网站。由于其提供了包括综合排名、到访量排名、页面访问量排名以及停留时间等多项信息，所以目前尚没有而且也很难有超越 Alexa 的网站评价工具。

Alexa 根据网站流量中的用户量（用户占全球互联网用户的百分比）、页面访问量（页面访问量占全球页面访问量的百分比）、人均页面访问量（每日人均页面访问量）、蹦失率（访问人次中，只访问一个页面的人次的百分比）、网络访问时间（日均访问分种数）、搜索百分比（访问人次中，来源于搜索引擎的百分比）等指标确定网站的综合排名。以下是截止 2011 年 10 月四大综合门户网站的统计数据及排名。

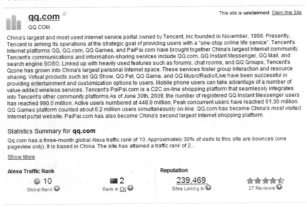

图 5 - 1　互联网权威 Alexa 网站统计与评价示范

　　2011 年 10 月份 Alexa 关于 QQ 的实时统计分析与排名情况如图 5 - 2 所示：

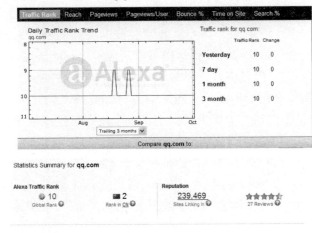

图 5 - 2　Alexa 关于 qq. com 的统计分析与排名

（数据来自 www. alexa. com 2011 - 10 - 4）

92

2011 年 10 月份 Alexa 关于 Sina 的实时统计分析与排名情况如如图 5 – 3 所示：

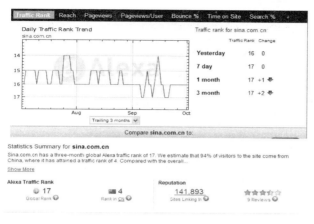

图 5 – 3 Alexa 关于 sina. com 的统计分析与排名

（数据来自 www. alexa. com 2011 – 10 – 4）

2011 年 10 月份 Alexa 关于 163 的实时统计分析与排名情况如如图 5 – 4 所示：

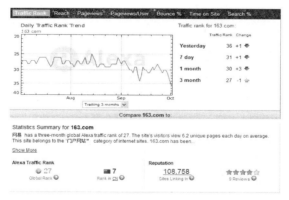

图 5 – 4 Alexa 关于 163. com 的统计分析与排名

（数据来自 www. alexa. com 2011 – 10 – 4）

2011 年 10 月份 Alexa 关于 Sohu 的实时统计分析与排名情况如如图 5 – 5 所示：

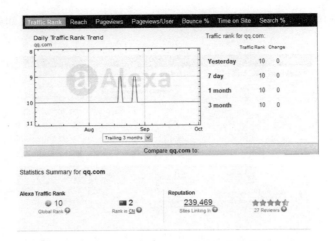

图 5 - 5 Alexa 关于 sohu. com 的统计分析与排名

（数据来自 www. alexa. com 2011 - 10 - 4）

（2） Alexa 排名的适应度评价使用

考虑到四个目标公司均为中国公司，所面对的顾客市场基本也是在中国境内，同时基于评价距离的考量，这里不用 Alexa 排名中的世界排名（Alexa Traffic Rank 中 Global Rank），而用 Alexa 排名中的中国排名数值（Alexa Traffic Rank 中 Rank in CN）。

同时，由于 Alexa 排名并非传统意义上的市场占有率百分比，因此我们不能直接代入使用。所以，此处以其排名的倒数作为衡量其市场影响程度的指标。于是，有以下结果：

Tencent 的市场份额指标 M_s 为

M_s（QQ） = 1/2 = 0. 500   公式（5 - 10）

SINA 的市场份额指标 M_s 为

M_s（SINA） = 1/4 = 0. 250   公式（5 - 11）

NTES 的市场份额指标 M_s 为

M_s（NTES） = 1/7 = 0. 143   公式（5 - 12）

SOHU 的市场份额指标 M_s 为

M_s（SOHU） = 1/9 = 0. 111   公式（5 - 13）

5. 4. 2. 1. 2 四大综合门户网站 ROE 数据

Tencent 的净资产收益率 ROE 为

ROE（QQ）=37.16%   公式（5-14）

（数据来源：根据腾讯公司2010年财务报表计算整理）

SINA的净资产收益率ROE为

ROE（SINA）=1.54%   公式（5-15）

（数据来源：根据新浪公司2010年财务报表计算整理）

NTSE的净资产收益率ROE为

ROE（NTES）=22.99%   公式（5-16）

（数据来源：根据网易公司2010年财务报表计算整理）

SOHU的净资产收益率ROE为

ROE（SOHU）=16.86%   公式（5-17）

（数据来源：根据搜狐公司2010年财务报表计算整理）

5.4.2.1.3 四大综合门户网站生存状况指标值

根据生存状况指标公式

C（SOHU）$= Ms$（$SOHU$）$*100 + ROE$（$SOHU$）$*100$ 公式（5-18）

可得四公司生存状况指数为如下：

Tencent的生存状况指数为

C（QQ）$= Ms$（QQ）$*100 + ROE$（QQ）$*100$ 公式（5-19）

$= 0.5 * 100 + 37.16\% * 100$

$= 87.16$

SINA的生存状况指数为

C（SINA）$= Ms$（$SINA$）$*100 + ROE$（$SINA$）$*100$ 公式（5-20）

$= 0.25 * 100 + 1.54\% * 100$

$= 26.54$

NTSE的生存状况指数为

$CNTES = Ms$（$NTES$）$*100 + ROE$（$NTES$）$*100$ 公式（5-21）

$= 0.143 * 100 + 22.99\% * 100$

$= 37.28$

SOHU的生存状况指数为

C（SOHU）$= Ms$（$SOHU$）$*100 + ROE$（$SOHU$）$*100$ 公式（5-22）

$= 0.111 * 100 + 18.86\% * 100$

$= 29.97$

5.4.2.2 资源利用效率指标 E

$$E = TobinQ = \frac{Market\ Cap}{Assets - Liabilities}$$ 公式（5-23）

● 四大综合门户网站资源利用效率指标 E 如下：

Tencent 的资源利用效率为

$$E（QQ）= TobinQ（QQ）= \frac{Market\ Cap（QQ）}{Assets（QQ）- Liabilities（QQ）}$$

$= 267.32B/21756946k = 12.29$ 公式（5-24）

（数据来源：http：//finance.qq.com/hk/计算整理 2011/10/5）

SINA 的资源利用效率为

$$E（SINA）= TobinQ（SINA）= \frac{Market\ Cap（SINA）}{Assets（SINA）- Liabilities（SINA）}$$

$= 4.77B/1239308k = 3.85$ 公式（5-25）

（数据来源：http：//finance.yahoo.com 计算整理 2011/10/5）

NTSE 的资源利用效率为

$$E（NTES）= TobinQ（NTES））= \frac{Market\ Cap（NTES）}{Assets（NTES）- Liabilities（NTES）}$$

$= 4.97B/1478187k = 3.36$ 公式（5-26）

（数据来源：http：//finance.yahoo.com 计算整理 2011/10/5）

SOHU 的资源利用效率为

$$E（SOHU）= TobinQ（SOHU））= \frac{Market\ Cap（SOHU）}{Assets（SOHU）- Liabilities（SOHU）}$$

$= 1.92B/796117k = 2.41$ 公式（5-27）

（数据来源：http：//finance.yahoo.com 计算整理 2011/10/5）

5.4.2.3 繁殖效率指标 F

正如前文指出，考虑到衡量企业战略投入与产出繁殖效率评价指标的广泛性与因素的多元性，我们这里引入 DEA 数据包络分析方法来对企业的投入产出效益进行评价。DEA 分析可以评价多维的输入与输出因素，并且没有指标量纲与单位的统一性要求，所以适宜作为衡量企业战略繁殖效率评价的分析工具。

在此，关于衡量企业适应度的繁殖效率指标 F 方面，我们做如下界定：

$$F = DEA（\frac{Output}{Input}）$$ 公式（5-28）

5.4.2.3.1 DEA 分析指标的选择与数据说明

建立输入/输出指标体系是应用数据包络分析（DEA）方法的一项基础性工作，在建立指标体系方面，需要注意以下几点：

第一，要能够实现评价目的，即在选择输入向量和输出向量时，要服从于我们确定的评价目的。要最能反映四个综合门户网站的投入产出效率。

第二，反映评价目的要全面。所以，需要多个输入与多个输出，才能较为全面地描述工作目的，缺少某个或某类指标常会使评价目的实现不够完整。所以，要考虑输入/输出指标体系的多样性。

第三，要加以明确的是，对某个评价目的，指标体系的确定并非是唯一的。因此，评价项目需要根据实际情况，设计一套科学、客观、现实的评价指标体系。

5.4.2.1.1 输入指标

1）员工人数。指公司员工的正式编制数量，在进行市场推广时的外协公司员工不计入内。从 IT 互联网企业的性质与特点来说，其企业的主要资源与投入便是公司的人力资源。所以该指标是一个很重要的投入考量因素。

2）研发费用。产品的研究与开发费用对高科技网络企业是一个主要的"生产投入"因素，因此该指标也是不可或缺的。

3）业务项目数量。由于该行业有着极强的相互"学习与借鉴"文化，每家门户网站的真正自身原创性产品与服务并不多，其所运营的业务种类基本多为模仿与复制而来，因此业务项目的数量并不适宜作为输出指标。考虑到目前各网站的雷同效应，为衡量其业务项目数的规模效应，所以将其作为市场与收入的输入指标更符合此次繁殖效率评价的目的。

5.4.2.1.2 输出指标

1）专利数。指向国家知识产权局正式申请并获批的专利项目数。对高科技企业来说，知识产权的竞争是一个绕不过去的环节。该环节是人力资源与研发费用投入的重要输出指标。

2）销售收入。指企业某一财政年度实现的所有销售收入。该指标是相关投入在财务上的重要输出反映。

3）用户量。根据世界权威互联网流量统计网站（www.alexa.com）的客观数据监测，最近三个月平均每百人全球互联网用户中访问该网站的人数。对互联网门户网站来说，有了用户的访问量便等于有了一切（或者以后将会拥有一切的可能）。所以，这一指标甚至比财务指标更得到业内人士或者投资人的关注。

四家互联网门户网站的输入与输出数据及数据来源

（1）腾讯

◆Tencent 输入指标：

1）员工数量（2010 公告）：6700 人

2）研发费用。与其它三个综合网站在 NASDAQ 上市从而按美国会计准则披露项不同，腾讯公司在香港证券交易所上市，其财务年报的会计科目中，研发费用无单独列项，该部分费用在"一般及行政开支"中列支为 2836226 千元，考虑到该企业特点，在销售及市场推广费用另计的情况下，该开支基本为员工行政费用及 IT 投资。另根据腾讯公司研发管理部专利组总监的公开披露，腾讯公司超过 50% 的员工为研发人员，一般行政费用的一半左右为研发投入。所以估计其研发费用约为 1420000 千元左右。

3）业务项目数：49 个基本业务项（根据公司网站产业与业务介绍整理）

◆Tencent 输出指标：

1）专利数：1912 项（数据来源：国家知识产权局网站 http：//www. sipo. gov. cn/zljs）

2）销售收入：19646031 千元（2010 年年报）

3）用户量：7.107（单位：全球百人互联网用户中访问该网的人数——数据来源：www. alexa. com 见图 5 – 6）

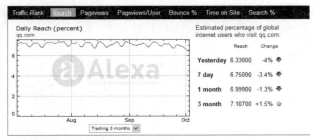

图 5 – 6　全球百人互联网用户中访问 QQ 网的人数

（2）新浪

◆SINA 输入指标：

1）员工数量：2500 人（和讯网 http：//stockdata. stock. hexun. com/

meigu/NTES. html）

2）研发费用：34048 k＄，按当时外汇牌价折合人民币224717 k￥

3）业务项目数：33项基本业务（根据公司网站产业与业务介绍整理）

◆SINA输出指标：

1）专利数：5项（数据来源：国家知识产权局网站 http：//www. sipo. gov. cn/zljs）

2）销售收入：402617 k＄按当时外汇牌价折合人民币2657272 k￥（2010年年报）

3）用户量：4.873（单位：全球百人互联网用户中访问该网的人数——数据来源：www. alexa. com 见图5－7）

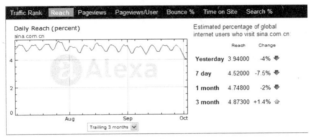

图5－7　全球百人互联网用户中访问Sina网的人数

（3）网易

◆NTES输入指标：

1）员工数量：4563人（和讯网 http：//stockdata. stock. hexun. com/meigu/NTES. html）

2）研发费用：317929 k￥（2010年报）

3）业务项目数：35项基本业务（根据公司网站产业与业务介绍整理）

◆NTES输出指标：

1）专利数：9项（数据来源：国家知识产权局网站 http：//www. sipo. gov. cn/zljs）

2）销售收入：5659789 k￥（2010年年报）

3）用户量：2.959（单位：全球百人互联网用户中访问该网的人数——数据来源：www. alexa. com 见图5－8）

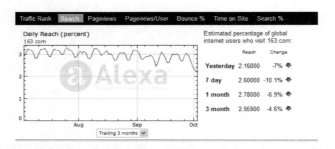

图 5 – 8　全球百人互联网用户中访问 163 网的人数

（4）搜狐

◆SOHU 输入指标：

1）员工数量：5167 人（和讯网 http：//stockdata. stock. hexun. com/meigu/NTES. html）

2）研发费用：75600 k ＄，按当时外汇牌价折合人民币 498960 k ￥（2010 年报）

3）业务项目数：33 项基本业务（根据公司网站产业与业务介绍整理）

◆SOHU 输出指标：

1）专利数：4 项（数据来源：国家知识产权局网站 http：//www. sipo. gov. cn/zljs）

2）销售收入：612777 k ＄按当时外汇牌价折合人民币 4044328 k ￥（2010 年年报）

3）用户量：2.011（单位：全球百人互联网用户中访问该网的人数——数据来源：www. alexa. com 见图 5 – 9）

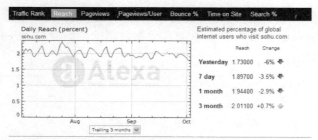

图 5 – 9　全球百人互联网用户中访问 Sohu 网的人数

5. 4. 2. 3. 2 繁殖效率数据的 DEA 分析

下面依 DEA 分析的标准过程对上文所得输入与输出指标体系集进行处理。

（1）确定分析评价目的

对目标企业样本集中基于行为生态学视角的繁殖效率进行评价。以便于分析其战略的创新变革行为的成功率与效益程度。

（2）选择 DMU

同一行业，有着极强代表性与可比性的四家综合门户网站：Tencent、SINA、NTES、SOHU。

（3）目标公司繁殖效率数据的输入/输出指标汇总如表 5 - 1 所示

表 5 - 1　四家综合门户网站输入输出指标数据

区分	输入			输出		
	员工数量	研发费用	业务项目	专利数	销售收入	用户量
Tencent	6700	1420000	49	1912	19646031	7.107
SINA	2500	224717	33	5	2657272	4.873
NTES	4563	317929	35	9	5659789	2.959
SOHU	5167	498960	33	4	4044328	2.011

（4）DEA 数据格式整理

将以上数据按 DEAP2.1 软件要求格式整理——记事本下的数据只有数据，不包括决策单元的名称和投入、产出的名称，并且产出在前投入在后，形成数据文档 portal. dta。

1912　19646031　7.107　6700　1420000　49

5　2657272.0　4.873　2500　224717　33

9　5659789.0　2.959　4563　317929　35

4　4044328.0　2.011　5167　498960　33

（5）运行指导程序的编制

根据任务需要，编写软件指导程序，命名为 Portal. ins。此处理任务的数据源文件为 portal. dta，结果数据文件命名为 Portal. out。该处理任务中评价公司数为 4，输出变量数 3，输入变量数 3。因此，根据以上信息与要求编写 DEA 分析指导程序（见附录二）。

（6）运行并形成处理结果文件 portal. out

根据以上指导程序 portal. ins 运行 DEAP 应用软件，评价输出结果大致如下 portal. out（具体结果数据详见附录二）。

Results from DEAP Version 2. 1

Instruction file = portal. ins

Data file = portal. dta

Input orientated DEA

Scale assumption：VRS

Slacks calculated using multi – stage method

EFFICIENCY SUMMARY：

firm crste vrste scale

1　1. 000　1. 000　1. 000　　－

2　1. 000　1. 000　1. 000　　－

3　1. 000　1. 000　1. 000　　－

4　0. 541　1. 000　0. 541　irs

mean 0. 885 1. 000 0. 885

Note：crste = technical efficiency from CRS DEA

vrste = technical efficiency from VRS DEA

scale = scale efficiency = crste/vrste

Note also that all subsequent tables refer to VRS results

（7）繁殖效率数据的 DEA 分析结果解读

Tencent、SINA、NTES 三家公司的纯技术效率、规模效率以及综合效率均为 1，即处于纯技术有效、规模有效和综合有效状态。同时规模报酬不变——scale：规模效率（drs：规模报酬递减；－：规模报酬不变；irs：规模报酬递增）。

SOHU 的纯技术效率为 1，而规模效率为 0. 541 小于 1，这说明就样本单元本身的技术效率而言，没有投入需要减少、没有产出需要增加；样本单元的综合效率为 0. 541，没有达到有效（即 1），是因为其规模和投入、产出不相匹配，需要调整规模。具体到该案例中第四个样本单元即 SOHU 公司，数据表明其状况仍处于规模报酬递增阶段（irs：规模报酬递增）。

5. 4. 3　四家综合网站的适应度指标的汇总分析与评价

将以上关于四家综合门户网站的适应度指数的相关数据结果进行汇总分析

如表 5 - 2

表 5 - 2　四家综合门户网站适应度指数汇总表

区分	生存状况	资源利用效率	繁殖效率
Tencent	87. 16	12. 29	1. 000
SINA	26. 54	3. 85	1. 000
NTES	37. 28	3. 36	1. 000
SOHU	29. 97	2. 41	0. 541

根据以上数据形成分析雷达图如图 5 - 10 所示：

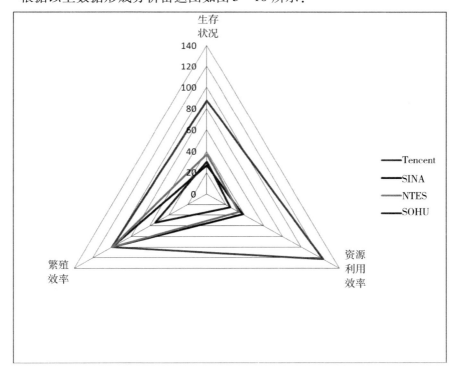

图 5 - 10　四家综合门户网站适应度指数雷达图

根据以上图表所示可以看出：腾讯公司在三个指标上均处于全面领先，展示出公司目前战略竞争的优势地位，并且有较强可持续发展能力与发展前景；新浪和网易公司三个指标表现不相上下，并且战略的创新与变革能力并不落后腾讯多少；搜狐在当前公司生存状态上与新浪和网易相差无几，但是对资源利用效率特别是在创新变革的效率方面有相当大的提升空间。IT 业界人士一直指责搜狐市场做秀多于技术投入，业务项目模仿跟随做"老二"战略，此图表也印证了业界素来的口碑评价。搜狐直到近期才在基础原创业务与产品项目上有所投入与建树，否则，就以上表现来看，其持续发展的"战略续航"前景的确有相当挑战。

5.5 本章小结

本单元介绍了企业的本质以及建立在生态位基础上企业经营过程的模型表达。同时结合生态学的适应性评价方法，给出了企业适应度指数的评价指标体系，并依据该评价体系推导出企业战略的市场选择模型。最后，以 IT 产业四家互联网综合门户网站为例进行了企业战略适应度的分析与评价。

第六章

学习与传衍

　　战略演化过程中的学习与传衍阶段的学习主要指企业内部的学习，即为了做到企业代际之间有效地遗传与传承而发生的记忆与进取的过程。关于这一过程的知识体系主要分布在组织学习、企业惯例、文化约束与路径依赖等理论中。

6.1　彼得·圣吉：学习型组织

　　彼得·圣吉在《第五项修炼》一书中指出，未来真正出色的企业，将是能够吸引各阶层人员全身心投入，并有能力不断学习的组织。最高层次的组织学习是建立学习型组织，使企业面对风险时更易于进行基因的优化变异，从而实现企业的成长目标。

　　学习型组织不存在单一的模型，它是与组织的概念和雇员作用相关的一种态度或理念，是以一种新的思维方式对组织的重新思考。学习型组织既能熟练地创造、获取和传递知识，同时也善于修正自身的行为，以适应新的知识和见解。学习型组织最初由美国麻省理工大学佛瑞斯特教授构想出来。他是一位杰出的技术专家，在20世纪50年代早期领导创制了世界第一部通用电脑"旋风"。他开创的系统动力学为研究人类动态性复杂提供了方法。所谓动态性复杂，就是将万事万物视为永远处于动态的、不断变化的过程之中。1956年，佛瑞斯特在凭借他在自动控制中学到的信息反馈原理研究通用电气公司的存货问题时有了惊人的发现，从此致力于研究企业内部各种信息与决策所形成的互动结构，它究竟是如何影响各项活动，并反过来影响决策本身的起伏变化的形态。佛瑞斯特既不做预测，也不单看趋势，而是深入地思考复杂变化的本质——整体动态运作的基本机制。他提出的系统动力学与目前自然科学中最新崛起的混沌理论和复杂理论所阐述的概念，在某些方面具有异曲同工之处。他在 1965 年发表了一篇题为《企业的新设计》的论文，运用系统动力学原理，具体细致地构想出未来企业组织的理想形态——层次扁平化、组织信息化、结构开放化，逐渐由从属关系转向工作伙伴关系，不断学习，不断重新调整结构关系。

彼得·圣吉是学习型组织理论的奠基者。他一直追随老师佛瑞斯特致力于研究以系统动力学为基础的更理想的组织。1970 年获得斯坦福大学航空及太空工程学士学位后，彼得·圣吉进入麻省理工大学斯隆管理学院攻读博士学位，师从佛瑞斯特，致力于研究系统动力学与组织学习、创造理论、认识科学等融合，形成一种全新的组织概念。基于对数千家企业的研究和案例分析，他耗时近十年于 1990 年完成其代表作《第五项修练——学习型组织的艺术与实务》。他指出现代企业欠缺系统思考的能力，由于缺乏这种整体动态的搭配能力而使得许多组织无法有效学习。出现这种问题的原因在于分工、负责的方式分割了现代组织，人们彼此的行动在时空上相距较远。当不需要为自己的行动的结果负责时，人们就不会去修正其行为，也就无法有效地学习。

为了改变如此现状，避免企业"夭折"和"短寿"，使企业提升整体运作"群体智力"和持续的创新能力，成为不断创造未来的组织，《第五项修练》提出了一套使传统企业转变成学习型企业的方法，该书一出版即在西方产生极大反响，彼得·圣吉也因此被冠以 20 世纪 90 年代的"管理大师"之美名。学习型组织的提出和一套完整的修练理论的确立，实际上宣告整个管理学的范式在彼得·圣吉这里发生了转变。基于这样的认识，不少学者认为，《第五项修练》以及随后的《第五项修练·实践篇》、《变革之舞》的问世，标志着学习型组织理论框架的基本形成。

在学习型组织的建立过程中，有五项分别发展，但又紧密联系的技能，是不可或缺的。正因为有这五项新技术的汇集，使得学习型组织变成一种创新。这五项技能被称为五项修练。

（1）系统思考。企业和人类及其他生物一样，也是一个有机的整体系统，每个细微的环节都息息相关彼此牵连、影响着。这些影响通常是隐匿而不易被察觉的。只有将考察与思考的视域从每个单独的部分，放大到对整体深入的聚焦，才能了解全部的系统。

（2）自我超越。学习不断理清并深化个人的真正愿望，集中精力，培养耐心，并客观观察现实，是学习型组织的精神基础。

（3）改善心智模式。心智模式是一些植根于我们内心深处，影响我们如何了解这个世界，以及如何采取行动的许多假设、成见，或者图像、印象。它通常也在管理的一些决策模式中，决定什么可以做，什么不以做。如果你无法掌握市场的契机和推行组织中的改革，很可能是因为这些内容与你心中隐藏的、强而有力的心智模式相抵触。

（4）建立共同愿景。如果领导的理念，一直能在组织中鼓舞人心，那是一种能够凝聚并坚持实现共同愿望的能力。一个缺少全体员工共同坚持的目标、价值观与使命感的组织，必定不会走得太远。

（5）团体学习。团体确实要具有学习的热情、恒心以及行动。它非常重要，因为在现代组织中，学习不仅仅是个人的事，它更应是一种团体行为，团体不能够学习，组织也将无法学习。

尽管如此，还是需要特别指出，由于组织是由众多个体构成的，因此毫无疑问，个人学习是组织学习的基础。没有个人学习，就不会有组织学习的发生。如果组织中的大部分成员不能有效地进行学习，那么组织学习的成效也就难以体现出来。组织学习的成效并非组织中个人学习成效的简单加减，它既可以远远超越个人学习的效果，也可能大大低于后者。彼得·圣吉在《第五项修炼》中，曾经为我们描述过一个"120：62"现象，令人印象深刻，就是说在许多团队中，每个成员的智商都在120以上，而团队整体智商却只有62。可见，即便组织中的每一个个体都能够有效学习，也并不意味着整个组织可以进行有效的学习。而正如社会学家所揭示的，组织学习的基本过程发生在组织特定结构与关系中采取行动的个人之间，因此组织学习的过程要远复杂于个人学习过程。

作为以上理论的一个典型支持便是 Xerox 和 Apple 公司的组织学习效果。无论是鼠标技术还是图形用户界面 GUI 技术，其原始的技术研发创新都是在 Xerox 的帕克实验室中产生的，然而这一创新的成果并没有在施乐的企业组织中扩展开来，连 Apple 的乔布斯也纳闷他们为何不将如此好的技术加以应用，最后乔布斯还是在自己的苹果机器上率先将这一革命性技术应用，从而造成施乐的个体或小团队学习成果未能在施乐扩展，而在苹果收获"墙内开花墙外香"的状态。与此类似的还有当年 EMI 公司发明的 CT 技术（其研发人员甚至还因此获得诺贝尔奖）却在 GE 公司发扬光大。

而 Apple 公司的组织学习，无论是在文化上，还是组织保证上都有非常值得称道之处。以 IPHOE 手机的研究过程来说，其在项目上的设计与组织非常高超：开始有项目目标——"创造一款革命性的手机"确定以后，便将研发人员分为两个小组，彼此在不同地点办公并且要求中间不许联系，N 个月后"擂台比武"。然后被采用一方的设计作为下次继续开发的始点，同时可以借鉴并吸收另一方的可取之处，然后下一轮的隔离开发比赛又开始了…… 就是依靠如此的学习保障文化与机制，造就了 IT 界如今最令人称道的苹果奇迹和业界尊敬。这从另一个角度也同时说明，组织学习与个人学习之间并非 1 + 1 = 2 那么简单，组织得不好，会成为 1 + 1 < 2 的施乐现象，组织成功便会出现 1 + 1 > 2 的苹果奇迹。

由此可见，组织与个体成员间的影响是双向的，组织不只是被动地接受个人学习的影响，相反，它也可以主动地影响其成员的学习。每一个组织都拥有区别于其他组织的相对稳定的特性，也就是一些学者口中所指的"组织常规"，一般包括组织的价值观、规程、惯例、制度、战略，以及组织所赖以建立和运作的技术等。收归在组织的知识库中的"组织常规"发挥着类似生物有机体的基本作用。它会在很大程度上影响组织的学习力，因为组织往往能利用已经形成的强有力的"组织常规"来主导组织中每一个成员的价值观和学习行为，从而主动地影响组织成员的个人学习，包括他们的学习意愿、学习兴趣、学习技巧，以及他们对学习的认识等。在目前学界的研究范式中组织常规更多是通过"惯例"和"企业文化"来对企业的学习与演化形成影响的。

6.2　纳尔逊和温特的组织学习与惯例

1982 年 Nelson 和 Winter 率先提出要以惯例这个概念作为演化理论演化的分析单位，发展之今，惯例已逐渐成为解释和分析企业演化的关键，由此引发的企业惯例如何演化的问题，也逐渐走进人们关注的视野。

在 Nelson 和 Winter 的意识中，西蒙的有限理性观点和哈耶克的知识分散理念是惯例产生的缘由。他们指出惯例是默会性知识、隐含性知识，不可能仅仅以个体成员作为单独载体，只能在集体活动和特定情境中体现出来。惯例通常被当做企业规则和行为方式，具有学习效应的获得性遗传特征，发生的是拉马克式的遗传，而不是达尔文式的，更能满足社会组织演化分析的需要。组织可以模型化为惯例的集合，惯例则表现出组织的记忆功能。而且组织惯例所具有的独特性和隐含性致使其对手难以模仿，所以组织惯例的差异性是企业能力多样性和异质性的根源。Winter 认为企业的异质性能力库才是持续竞争优势的来源，动态能力就是形成和再造能力库，是塑造有效企业行为的能力保障。

最初研究组织惯例的主流观点一直强调其稳定性和不变性。其实 Nelson 和 Winter，Cyert 党员和 March 早都提到过惯例是具有变动的可能性的，在后续研究中，我们渐渐明白惯例的稳定性和变异性并非互相对立、非此即彼。而是统一于一身的两个侧面：Nelson 和 Winter 说过当它通过企业之间的学习行为而被遗传时，是具有一定的稳定性的；但它也可以根据环境的变化而发生改变。Feldman 和 Pentland 也提出，组织惯例可以发挥不同特质：有时惯例只表现为简单地遵守规则，从而产生的惯性有助于组织的稳定和持久；有时惯例包括适应性和创造性的行为，从而就会促生组织变革和演化。

Nelson 和 Winter 甚至认为惯例的变异是研究企业组织演化的出发点。他们认为企业不仅会建立正式或非正式的操作惯例，还会形成使组织改变原有惯例或创造新惯例的规则和程序。调整惯例可以使企业接受变革。进而他们更明确地提出惯例变异即改变原有惯例、搜寻新惯例的两种途径：模仿与创新。无论是模仿还是创新，都要对惯例做出取舍。Miner 就明确指出企业演化与企业中的惯例演化其实是同一概念。企业演化实际上无非是被惯例适应过程影响着的企业所经历的一场变异、遗传、选择和保留的过程。

惯例是组织学习和知识管理的重要组成部分，组织学习不断更新组织记忆，激发了本身就具备变动可能性的惯例，启动变异过程，进而引发企业组织的演化。可以说组织学习是组织演化中的一个基本层面，演化学习的研究理念至关重要。Levinthal 就认为组织学习引导并促成了组织演化的进程。惯例的形成和变异同样也离不开人的能动性学习。Feldmand 和 Rafaeli 提出，组织惯例通过形成惯例参与者之间的联系，来帮助组织实现稳定性和变革性的平衡。这一连接机制使有关人员在"要做什么"和"为什么要按惯例来做"方面形成共识，从而提高了组织的协调力和适应力。惯例也就在行为者与组织情境互动的过程中发生变异和发展了。

6.3　路径依赖和企业文化的行为约束

（1）路径依赖

生物学家们在研究物种进化分叉和物种进化等级次序时，发现各种偶然性随机因素使物种进化进入了各种必然的、命中注定的、自动选择的路径。古尔德在研究生物进化中的间断均衡和熊猫拇指进化问题时，更详细地阐释了生物演进路径的机制，并认为这种路径可能非最优的性质，于是第一次明确地提出了一种新的理论——路径依赖理论。

人们通常用路径依赖这一术语来描述人们过去做出的某种选择可能对现在和将来产生重大影响，通俗来讲，就好似物理学中的"惯性"，事物一旦进入某种发展状态，就会对此产生依赖，无法很快停止下来。无论是现存的某种制度，还是某种社会行为，人们一旦实施了，选择了某种特定的路径，确立了某种制度，就会不由自主地对这种路径产生依赖，形成惯性。

关于路径依赖定义的界定，许多经济学家从不同的角度进行了尝试：阿瑟·布莱恩（Arthur）从 1989 年开始曾从经济动态过程的非遍历性角度做出阐释，他认为，如果"不同的历史事件及其发展次序无法以 100% 的概率实现同一种市场结果，那么这个经济系统就是路径依赖的"。也就是说，如果同样的历史事件按照相同的时间和顺序发生在不同的企业里，却不能出现完全相同的结果，那么这个经济系统就存在着路径依赖。为什么这么说呢？英国经济学家大卫（David）就此做出解释："一个路径依赖的随机过程具有这样一个特征，它的渐近分布是该过程自身历史的函数。"由此可见，在他看来，路径依赖之所以存在，正是因为不同的经济系统具有不同的发展历史，不同的历史因素使得企业的发展呈现出了不同的特征。如此看来历史对未来的影响是根深蒂固的。制度经济学家们则认为，如果一国的经济一旦走上了某种发展路径，便会出现诺斯所说的现象——在制度的自我增强机制作用下，既定发展方向得到强化。

路径依赖性是企业演化最重要的特征。生物学家抛出路径依赖的概念后，20 世纪 80 年代被引入经济领域中的技术变迁分析中（Dvaid，1985；Arthur，1985），后又被制度经济学者所扩展和推广。在技术变迁领域的路径依赖指的是由于技术演变过程中的报酬递增、自我强化现象或者偶然事件等的发生，从而导致技术选择的不可预见、难以改变（被锁住）和缺乏效率的情况，技术的相关性、规模经济和投资的准不可逆性三种机制在锁定过程中起主要作用。诺斯（North，1990）把路径依赖理论又推广至制度变迁分析领域，并且由于他运用"路径依赖"理论成功地阐释了经济制度的演进规律，而获得了1993年的诺贝尔经济学奖。诺斯对路径依赖有一个最一般性的定义——"指一个具有正反馈机制的体系，一旦在外部性偶然事件的影响下被系统所采纳，便会沿着一定的路径发展演进，而很难被其他潜在的甚至更优的体系所取代。"

诺斯把他的路径依赖理论划分为两种类型：一种是诺斯的路径依赖Ⅰ。主要指"好的路径"产生的良性循环。是说当组织一旦确立了某种发展路径后，一系列的内外部因素也会随之加强这一路径。形成具有适应性的有效路径选择，将允许组织进行各种创新试验并建立有效的反馈机制，去识别和消除相对无效的路径选择，进而保护组织已有的制度，从而使组织长期的利益呈现增加的趋势。另一种是诺斯的路径依赖Ⅱ。主要是指"不好的路径"产生的恶性循环。是说在初始阶段带来报酬递增的路径选择，在市场不完全、组织实施无效的状况下，阻碍了企业的发展，并滋生了一些维持现有制度的既得利益集团，这些既得利益集团会强化现有制度，并利用现有制度的政治组织维护既得利益，从而使这种无效的制度变迁轨迹得以持续下去。这对分析我们目前的社会政治变迁与改革也有启发作用。

之所以能把路径依赖理论引入到企业演化研究，基于这样的认识，我们认为企业发展也存在着一种"惯性"的力量，一旦进入某一路径（无论是"好"的还是"坏"的），就可能对该路径产生依赖。某一路径的既定方向会在以后的发展中得到自我强化。企业过去做出的选择决定了他们现在及未来可能的选择。好的路径会对企业起到正反馈的作用，通过惯性，产生飞轮效应，企业发展因而进入良性循环；不好的路径会对企业起到负反馈的作用，就如恶性循环，企业可能会被"锁定"在某种无效率的状态下，而导致停滞不前。路径依赖正如一把双刃剑：一方面，企业的历史难以模仿，因此最初选择的成功路径往往能够帮助企业构建不可超越的核心竞争力；另一方面，由于惯性，企业往往过于依赖行业先行者开创的路径，甚至将之视为行业标准，从而使企业乃至整个行业进入路径锁定状态，导致"革新无效"的局面。

（2）企业文化

以上惯例的形成与随之而来的路径依赖效应，正是企业文化形成的端点与起源所在。企业在其价值观或经营理念的指导下，在长期的生产经营活动中形成了企业文化，企业员工在共同的价值观指导下产生强烈的使命感和责任感，被激发出最大的想象力和创造力去实现企业目标。企业文化是一种非正式规则的心理契约体系，它潜移默化地在企业员工心中形成一种群体道德规范和行为准则，约束着企业和员工的思想行为。企业文化是一种"不需要管理的管理"。

想让企业员工对实现企业目标产生强烈的使命感并非易事。新制度经济学对人的行为有深入的研究，它对人的行为的第三个假定是人的机会主义行为倾向，也就是说人都具有随机应变、投机取巧、为自己谋取更大利益的行为倾向，而且会采用非常微妙隐蔽的手段来实现这一目标。当机会主义者把自己的成本或费用转嫁给他人时还会对他人造成侵害。而制度可以在一定程度上约束人的机会主义行为倾向，因此企业需要一个理想的可行的制度和纪律制约员工可能出现的机会主义行为倾向。

强调纪律和约束的思路是正确的，纪律与制度约束作用的滞后性也是不容忽视的。通常制度与纪律都是在总结以前失败案例经验的基础上提炼总结的，希冀能对以后类似行为起到防范的作用。因为这一本质上的不足，企业需要寻找到另外能发挥同样作用而又具有前预性的替代品，于是企业文化的非正式约束作用越来越受到企业管理者的重视。

非正式约束是人们在长期交往中无意识形成的，具有持久的生命力，并成为代代相传的文化的一部分。非正式约束主要包括价值信念、伦理规范、道德观念、风俗习性、意识形态等因素。意识形态处于非正式约束的核心地位。意识形态可以被理解为关于世界的一套信念，它倾向于从道德层面判定劳动分工、收入分配和社会现行制度结构。企业文化代表企业组织中广大员工共同的主流意识形态。

意识形态是减少提供其他制度安排服务费用的最主要的制度安排。面对纷繁复杂的世界人的有界理性总有茫然无措之时，当个人无法迅速、准确和费用很低地做出理性判断，以及现实生活的复杂程度超出理性边界时，他们便会借助于价值观念、伦理规范、道德准则、风格习性等相关的意识形态来"走捷径"或"抄近路"，从而简化决策过程。

企业精神文化是意识形态的一种具体体现，作为一套价值观念或认知学识，它是企业中每个员工都具有的，它的存在可以使人们限制自己的行为，在一定程度上减少不利于企业发展的现象发生，从而使人们超出对个人直接利益的斤斤计较，诱发集体行动。意识形态通过增强个人对于某项制度安排的理性认同和依赖，能够淡化机会主义行为。

（3）约束理论

伴随着企业环境的变化，企业文化也将逐渐发生变化，企业文化不存在好坏之分，只有适合与不适合之别。所以，与任何其它管理工具别无二致，企业文化对企业的作用也是一分为二的。适应了环境的发展，企业文化就会促进企业战略的选择与执行；不适应环境，它就对企业战略的变革与发展不可避免地存在着相当的阻碍功能。无论是促进还是阻碍，无论是积极还是消极，都是对企业战略演化约束的一种表现。

约束理论（Theory of Constraints，TOC）是以色列物理学家、企业管理顾问戈德拉特博士在他开创的优化生产技术理论基础上发展起来的管理哲理，该理论提出了一些在制造业经营生产活动中定义和消除制约因素的规范化方法，以支持连续改进。戈德拉特提出约束理论的目的是想找出各种条件下生产的内在规律，试图寻找到一种分析经营生产问题的科学逻辑思维方式和解决问题的有效方法。如果简单概括一下约束理论，就是找出妨碍实现系统目标的约束条件，并对它进行消除的系统改善方法。

由此可见，企业精神文化是企业非正式约束的主要部件，它主要是从价值观念、道德规范上对员工进行软的约束。通过将企业共同价值观、道德观内化为员工个人的价值观、道德观，使员工在观念上确立一种内在的自我约束的行为标准。一旦员工的某种行为违背了企业的信念，其本人心理上自会感到内疚，并受到共同意识的压力和公共舆论的谴责，促使其自动纠正错误行为。

因此，优秀的企业文化可以降低企业运行的费用，达到最佳的约束功能，成为企业竞争优势来源因素的有效坚持与传衍工具。反之，过时或者不适应的企业文化也会成为企业下一轮战略变革的阻力因素之一。所以说，企业文化无论"好"与"坏"，在保留优良基因的同时，也无可避免地注入到下一轮次的竞争演化输入因素之中，从而起着或好或坏的路径依赖效应。

6.4　学习、惯例与企业战略演化

Bruderer 和 Singh 利用模型处理分析了组织学习、环境选择和企业演化之间的关系。在 Holland 的遗传算法模型基础上，他们将组织学习模型化为对未定惯例的随机搜寻，并且提出，环境选择会影响组织的学习和适应能力，而组织的学习和适应过程引导着达尔文演化模式中的环境选择；同时还提出学习所得的惯例并不能直接进行类似生物的代际传递，而是以拉马克的获得性遗传模式传承下去。他们认为组织的学习能力具有基因特质，而且即使无法遗传这种获得性特质，选择过程也倾向于能获取特质的学习能力。Levinthal 提出学习和选择本质是彼此依赖的两个过程，因为适应会增加组织的惰性，而惰性则促进了环境的选择。

Zollo 和 Wintel 将知识演化、组织学习与企业动态能力联系起来，认为动态能力源于组织系统的学习机制，动态能力的构建应该具有学习性和连续性。他们将组织知识演化的循环分为生成变异、内部选择、组织复制与组织遗传四个阶段，与此同时伴随着经营性惯例的产生与运用，是学习性惯例的变异选择与遗传。

Plunker 驳斥了从前关于组织内部变异来源的研究主要集中在创新、动态学习、知识管理等方面的做法，他认为组织内部变异如何被选择，才是理解惯例和动态能力如何形成、演化，以及如何影响企业绩效的关键所在。大多数的演化研究在解释企业的绩效、组织的生存和演进时，以市场竞争和环境选择为工具，但是这种解释对于具有学习能力和适应环境选择能力的企业来说并不全面。要充分说明企业的异质性，仅仅考察外部因素是远远不够的，更需要从企业内部机制来寻找原因。也就是说企业间的竞争选择和惯例的选择过程，并非是拴在一根绳上的蚂蚱。基于此，很多学者把思路转向了"内部选择"和"管理选择"。Plunket 提出对于内部选择的考察，有利于理解惯例变异是如何在组织内部发生、被选择和被保留的；惯例的内部选择过程在成员个体、小组/群体、管理者等不同层面以不同方式发生；资源配置和激励机制在企业内部扮演着惯例选择器的角色。

国内学界中，董俊武等提出了一个基于组织知识的动态能力演化模型，认为动态能力的演化是一个围绕着变异、内部选择、传播和保持四大阶段的循环过程。在动态能力的演化过程中，交织着组织学习者的认知性努力与行为性努力，不断产生与运用新的经营惯例，整个过程就是一个学习性惯例过程。孙锐等探讨了动态能力、组织惯例、知识资产与组织学习的相互作用机制，并由此提出基于组织学习的组织知识演化的循环过程。

国内外学者进行了一系列与组织学习、惯例分析和企业演化相关的研究，三者之间的关系已经为越来越多的学者所重视。

企业演化发生的最基本的层次是惯例，而惯例变异需要接受挑选，经过"变异——选择——保留遗传"这三大阶段，才能促使个体企业演化的实现。Bontis 和 Hulland 指出，个体、群体和组织三个层面的学习行为是相互关联的，个体层面的学习会通过旨在探索新知识的前馈过程，影响到群体和组织层面的学习，而嵌于系统结构和战略中的组织层面的学习也会通过旨在利用已有知识的反馈过程，影响群体和个体层面的学习。

在研究战略变革时芮明杰等提出，企业是一个基于分工的惯例集合体。惯例集具有结构性维度与连贯性维度，具有变异能力的惯例本身是战略变革的内生动力。惯例变异产生于行为人与组织场域的互动过程之中。惯例变异可分为单个惯例变异和惯例集变异两个层次。单个惯例变异的模式主要受到行为人的主观能动性以及组织情境的影响，在存在组织学习机制下，单个惯例的变异可能作用于惯例集，从而引发整个惯例体系变异进而激发战略变革。

组织演化分析中有的学者关注外部环境因素，有的学者强调组织内部因素，进而形成了选择视角和适应视角。基于此可以将达尔文与拉马克的演化思想统一到企业战略的演化分析中：由环境变动引发组织不同层级的学习，组织学习所促生的惯例变异成为企业战略演化的内部动因；而外部选择和内部选择会同时发生作用，检测惯例变异是否成功，选择出演化成功的企业战略保留。其中，内部选择与组织学习有着密切联系。同时，其它竞争企业会模仿借鉴成功企业的惯例。所以，企业演化会影响竞争格局，从而改变其所处的生态位环境。这就将选择和适应两个过程统一在一个研究框架中，体现出适应性学习既是变异机制，也是选择机制的思想。

6.5 本章小结

在激烈的市场竞争和环境变动中，保持基业长青是每一个企业的梦想。企业的有效战略经过前期的创新变革、中期的竞争、后期的市场选择等阶段得以存活和发展，然后如何将此来之不易的"收获"（这里的收获既指能为企业带来竞争优势的有效战略和商务模式，更指向于获得该优势的产生机制与文化）保留与传衍下去，是每一个企业更为关心的问题。如果企业能够了解自身战略的演化机理，就可以成为市场选择和适应环境中的优胜者，成功传衍企业的经验，进而使演化成为时刻发生持续不断的动态过程。而学习、惯例、文化约束和路径依赖的研究正是开启这一问题的钥匙所在。所以在这一章节内容中，我们看到了组织学习、组织惯例遗传、组织文化与约束理论以及企业战略演化中的路径依赖现象，所有这些构成了企业战略（或战略逻辑）有效传衍的基础知识体系。

第七章

案例对照研究：中国互联网综合门户网站的战略演化

本单元将利用前文的理论体系和评价工作，对中国互联网综合门户网站的战略演化历程做一梳理，以期使理论与产业实践相互有所印证。

7.1 门户网站和产业特性

7.1.1 门户网站释义及价值

所谓门户，原意是指房子的入口。互联网的门户就是指人们进入互联网的入口，也即是说互联网的用户们经由这个入口进入网络，进而使用网络中的各种服务内容。门户网站则是指互联网的用户进入的第一个站点。门户网站最初提供搜索引擎、目录分类服务，以引导用户接下来具体方便使用互联网。但是随着市场竞争日益激烈，门户网站为了更长时间地吸引和留住互联网用户，借以提升网络广告价值，于是不得不广泛拓展各种新的业务类型，开展更多服务内容，以至于当前门户网站的业务包罗万象，成为网络世界的"百货商场"（业界人士称之为"从入口到居住地"的转变）。

20世纪九十年代以前，网络还仅仅是作为科学研究的工具，被应用于科研、军事等有限的领域。1992年，被称为"万维网之父"的 Tim Berners - Lee 创建了 HTML（超文本标注语言），再后来伊利诺斯大学的项目组发明了浏览器，自此上网便从理论成为现实。刚开始时网上的各种信息是没有分类的、难以检索的。时间到了1993年，正在斯坦福大学攻读博士学位的杨致远和他的学友 David Filo 创建了一套搜寻软件，并开始将全球网站划分为艺术、教育、卫生、新闻、娱乐、科学等14个类别，紧接着又建立了具有导航性质的网站。这就是全球第一家门户网站雅虎（Yahoo!）。因此，雅虎被称为"门户网站的鼻祖"。

在雅虎成功的巨大示范效应下，中国的 IT 企业家们开始尝试在互联网上提供基于中文信息的分类与检索服务。于是在 2000 年前后相对集中的时间里，我国诞生了一大批提供 ISP（互联网接入服务）和 ICP（互联网内容服务）服务的 IT 公司，部分公司表现出色，并在 NASDAQ 上市，新浪、网易和搜狐成为其中的典型代表。后来，由于在 IM（即时信息服务）的优异表现，腾讯公司也在香港上市。自此这四家公司成为中国互联网综合门户网站的标志性组合。

关于门户网站在互联网服务中的价值与意义，我们可以从一个非常有代表性的个人网站案例 www. hao123. com 的发展，窥一斑而见全豹。

Hao123. com 的创始人李兴平 1979 年出生于广东兴宁市，初中毕业后即返家谋生。1999 年，网络在中国逐渐普及，兴宁市也开始有了网吧。这时，开始迷上了上网的李兴平在当地网吧找了一份网吧管理员的工作。很快他发觉在网上找资料很不方便，作为一个网络的新手，要把那些用英文字母表示的网址一个个记下来，并不是一件容易的事情。同时，他发现来网吧的很多人都不知道如何上网，上网后又不知道去哪里找到所需要的内容。在一次一次地被相同问题问烦了以后，他想到一个解决办法，设计了一个个人网页，把他认为好的网站搜集在一起，并和它们建立链接。于是，大家就可以很方便地直接进入这些常用的网站。于是便诞生了 Hao123。这个网站看起来非常简单，简单的几乎没有技术分量。整个网站就是由几十个 html 格式的静态网页组成。鼠标右键一点，就可以把它整个网站 COPY 下来。

因为集网站开创者和用户于一身的李兴平对网络新手上网经历感同身受，所为网站设计得简便易用（有人说根据没有设计），也正是这个特点，加上起步早的因素，该网站的访问量直线上升，一直到 2002 年左右，其浏览量一直占据着导航网站的第一名位置。到 2003 年，这个几乎不用做什么投入的网站每月都有 80 万的广告流水营业额。2004 年 8 月 31 日，百度以 5000 万人民币，外加部分百度股权，收购 Hao123 网址之家。李兴平以一个个人的门户网站演绎了一个互联网公司的发展神话。（资料来源：作者根据互联网周刊、IT 经理人世界等相关报导压缩整理）

在 2010 年底奇虎公司 360 与腾讯公司 QQ 之间发生 3Q 大战之后，有志于成为互联网第一平台的 360 借鉴了 Hao123 的成功模式，在自己的浏览器首页，也制作了类似的网址分类页面 http：//hao. 360. cn，互联网门户与入口的价值由此彰显无疑。

7.1.2 门户网站产业特征

综合门户网站作为互联网 IT 产业的一个极富代表性的细分产业，典型体现着互联网产业作为高科技 IT 产业与传统产业的独特产业特性。包括：网络效应、锁定效应、报酬递增效应、标准的重要价值以及产业的快速创新与变革等等。

（1）网络效应

网络效应（Network effect）是门户网站产业最显著的特征。部分学者也将之称为"网络外部性（Network externality）"。有的学者认为这两个概念不同，认为网络效应内涵更广泛一些。但是在目前大部分文献里，两者的概念几乎是等同使用的。现今被广泛接受的是由 Michael Katz 和 Carl Shapiro 在 1985 年《美国经济评论》上给出的定义：即某一消费者从一种产品获得的效用，取决于使用同一产品（或者说在这一网络中）的其他消费者的选择。换句话说，当使用同样产品的其他使用者的人数增加时，某一使用者使用该产品所获得的效用也会增加。（需要指出的是，网络效应并不仅是在互联网产品中体现，传统的电话系统也具有同样的网络外部性，只不过该效应在互联网时代体现得更加明显而已。）

在门户网站产业中，这一点更为突出。比如，大家在选择某一同学录社区时，更愿意选择用户数较多的社区网站进行访问。因为这种社区中原用户越多，找到昔日同学的可能性就越大，从而这种社区网络对新用户的价值就体现得越明显，进而，新用户的加入也又一次增加了社区网络对原有用户的价值。这些就是网络效应在门户网站中的典型体现。

（2）锁定效应

锁定效应是网络效应的一个直接后续效应。在这个产业中，用户一旦选择并习惯使用某门户网站所提供的产品与服务后，再更换另一个门户网站提供的产品与服务时便会产生转移成本，而有时这种转换成本是非常大的。比如在网络即时信息服务领域，更换新的聊天工具可能失去那些以前的好友及聊天对象（或者要花相当大代价才能再逐一建立联系）。这类转移成本的大量存在，导致了锁定效应的产生。除非更换新产品所带来的价值增量高于此次转移成本，否则这种锁定效应就一直存在下去。所以，尽管消费者最初选择的产品即使并非最好，但却因为某些偶然事件而被锁定在最初选择的系统之中。

（3）报酬递增

报酬递增是 Arthur 研究高科技产业发展规律时提出的一个重要概念。Arthur 将适用于不同报酬规律的经济世界分为两类：一类是马歇尔研究范式下的报酬递减经济世界，另一类是存在于高科技产业的报酬递增的经济世界。

IT 产品存在着边际成本不断递减，直至为零的成本结构，报酬递增也便正是基于此规律。作为 IT 产业的一个细分代表，门户网站所提供产品的开发、研制、促销均需要大量的初期投入，但是一旦投放市场并被消费者广泛接受，随着用户规模增长，单位的边际投入几乎为零，而其收益却呈网络化放大。因此门户网站产业的报酬递增成为一个不同于以往经济学的重要特征。

（4）标准的重要性

无论是技术标准，还是市场标准，对标准体系的争夺成为该产业的重要特色与竞争点。广义上讲，标准的出现可以简化一些共同的问题，从而节约成本，但在战略竞争中，标准更直接的作用体现在为竞争服务，是一种新理念的技术领域和游戏规则的集合。对于许多产业而言，特别是信息技术产业，只有当他们的产品与服务符合该领域标准时，他们才有可能有生存的机会。同时，如果某一标准成为法律或者事实上的世界标准，则会给标准的发明者与持有人带来极大的可持续利益。

（5）快速的创新与变革

在这个领域，变化是唯一不变的规律，而且是快速的多维变革与创新。对此现象最为恰当的描述是英特尔（Intel）创始人之一戈登·摩尔（Gordon Moore）提出来的摩尔定律：当价格不变时，集成电路上可容纳的晶体管数目，约每隔 18 个月便会增加一倍，性能也将提升一倍。换言之，每一美元所能买到的电脑性能，将每隔 18 个月翻两倍以上。这一定律揭示了信息技术产业进步与变化的速度。

由于产业的特点，目前通信、网络、软件、计算机、电视网络加快融合，产业界限日趋模糊。以上产业相互间的快速融合，带来技术与业务的创新发展。而产业发展的速度与方向则经常出乎人们的意料与规划，企业间一个不经意的业务与产品创新，在一直不被看好的情况下，可能突然成为市场追捧的热点，事后总结人们才发现以前的战略规划逻辑的不足与缺失所在。

正是基于传统战略规划对快速变革产业分析的不足与缺失，生态学中变异、竞争、选择与学习等演化概念与思想，日益受到业界人士的重视，基于行为生态学的演化理论与思想给互联网 IT 领域的从业人士带来越来越多的思考与启迪。这也是该书选择互联网综合门户网站进行分析梳理的目的与初衷所在。同时，由于新浪、网易、搜狐和腾讯公司创业时间相近，发展历程相对较长，有一定代表性的同时，也有一定的研究空间与内容，所以成为我们的案例研究对象，并印证该书基于行为生态学的战略演化理论。

7.2 四家综合门户网站战略演化的对照分析梳理

根据新浪、网易、搜狐和腾讯四家公司的大事纪和发展年鉴，同时参考《IT 经理世界》《互联网周刊》《销售与市场》《计算机世界》等财经期刊杂志和《IT 史记》等专业书籍整理出中国四大综合门户网站战略发展演化对照比较历程表。

表 7-1　中国四大综合门户网站战略发展演化对照历程表

时间	TENCENT	SINA	NTES	SOHU	战略评价
1993 年 12 月		新浪前身四通利方注册成立			
1998 年 7 月		法国 98 世界杯风暴创中文访问站点最高记录。			战略节点：自此走上新闻平台之路
1996 年 8 月				搜狐前身 ITC 注册成立	
12 月获首批风投。					
1997 年 6 月			网易公司成立		

续表

时间	TENCENT	SINA	NTES	SOHU	战略评价
推出全中文搜索引擎服务					
1998 年 1 月			开通国内首家免费电子邮件服务，并且推出免费域名系统		
1998 年 11 月	腾讯公司成立，推出无线互联网寻呼解决方案				
1998 年 12 月		四通利方与华渊合并建立新浪网			
1998 年 2 月				推出自己的搜索引擎——搜狐	

续表

时间	TENCENT	SINA	NTES	SOHU	战略评价
1999 年					
1 月			网易网站被《电脑报》评选为"中国知名度最高的网站"之首		
2 月	即时通信服务开通，与无线寻呼、GSM 短消息、IP 电话互联	推出中文搜索引擎"新浪搜索"			
3 月		著名网络爱情作家痞子蔡进入新浪网的聊天室《第一次亲密接触》	在分类搜索的基础上，搜狐发展成为综合性网络门户，推出丰富的特色频道提供资讯服务。	开启名人公众网络沟通模式，后来博客与微博业务后发先至的成功得益于此。	
4 月				战略节点：某天马化腾无心之下将 OICQ 挂网供免费下载，开创免费平台模式。	

续表

时间	TENCENT	SINA	NTES	SOHU	战略评价
5 月					
6 月					
7 月			在国内首次推出在线拍卖服务		复制美国 Ebay 模式
8 月		新浪推出财经科技频道			
9 月		新浪网生活空间推出全国酒店预定全国电子地图查询地方新闻			
10 月					
11 月	QQ 用户注册数突破 100 万	新浪电子商城正式开业			
12 月		新浪邮件全面升级: 50M 空间, 支持 POP3 和 SMTP 功能			
2000 年					
1 月		新浪网蝉联 CNNIC 调查最佳网站第一名			

续表

时间	TENCENT	SINA	NTES	SOHU	战略评价
2 月		新浪推出基于浏览器的在线游戏			
3 月		新浪与易趣联手拓展电子商务市场	网易推出的 wap. 163. com 网站可支持多种手机上网		借中国移动的共同成长战略，国内 ICP 公司同年几乎一起进入 WAP 市场并均有斩获。
4 月	QQ 用户注册数突破 500 万	新浪网在美国 NASDAQ 上市			战略节点：IPO
5 月	QQ 同时在线人数首次突破十万大关；6 月 QQ 注册用户数再破千万。	新浪网开始独家连载国内首部 IT 小说《逃往中关村》			在线阅读，后被起点中文网借鉴并发展为商务模式
6 月	"移动 QQ"进入联通"移动新生活"	新浪网游戏频道访问量突破百万；新浪科技推出 WAP 天地；新浪体育欧洲杯报导	网易首次公开发行股票，在美国纳斯达克股票市场挂牌交易。		战略节点：IPO
7 月				美国纳斯达克挂牌上市	战略节点：IPO
8 月					

时间	TENCENT	SINA	NTES	SOHU	战略评价
9 月		新浪网奥运网站日访问量突破千万大关		收购社区网站ChinaRen.com	
10 月		新浪游戏世界开通收费网络围棋服务			
11 月	2000 版本正式发布	新浪、硅谷动力强强联手推出新浪硅谷商城			
12 月				推出无线互联网定制收费服务——搜狐手机短信（SMS）	见本年 3 月评价
2001 年					
1 月	www. tencent. com 在中国排名第 6 位				
2 月	腾讯 QQ 在线用户突破 100 万，注册用户数已增至 5000 万				
3 月	QQ 注册用户数突破 1 亿关		www. 163. com 单日页面浏览量突破 1 亿		战略节点：1 个月从 5000 到 1 亿

续表

时间	TENCENT	SINA	NTES	SOHU	战略评价
4 月		新浪网网友"撞机"评论数量创中文论坛纪录			
5 月					
6 月		新浪网执行长王志东被免职			
7 月					
8 月					
9 月		新浪网并购入阳光卫视29%股份			
10 月					
11 月				网上购物平台：搜狐商城	
12 月			网易推出自主开发的大型网络角色扮演游戏《大话西游Online》		战略节点：借网络游戏最早走出财务困境的门户网站。自此走上游戏发展主线。其极强的示范效应并被后来的盛大和巨人模仿。
2002 年					
1 月		遭大规模剽窃抄袭多次警告无效 新浪被迫起诉搜狐			门户网站呈现内容趋同倾向：一家有效的战略行为很快被人模仿（竞争协同进化？）

续表

时间	TENCENT	SINA	NTES	SOHU	战略评价
2月		新浪网推出企业服务平台Sina.net			
新浪公布二季度财报运营现金流量接近收支平衡		SOHU.NET（搜狐企业在线）正式推出	互联网泡沫破灭后业界关注利润		
3月					
4月		吴征辞去新浪董事联席主席职位			新浪的非相关多元化之路受阻
5月					
6月					
7月		新浪网与友联网联合推出同学录免费频道			搜狐并购chinaren同学录
8月			网易股票首次公开发行以来，公司第一次实现正盈利。		
9月			推出新一代杀病毒、反垃圾、大容量的收费邮箱服务vip.163.com		Email服务一直是其品牌服务至今的126平台

续表

时间	TENCENT	SINA	NTES	SOHU	战略评价
10 月	首届 QQ 之星选拔赛				
11 月			推出免费即时通信工具——网易泡泡（POPO）		也想在 IM 领域切分一块
12 月					
2003 年					
1 月		新浪并购国内领先的移动增值服务商广州讯龙			
新浪进军网络游戏联手韩国 NCsoft 推出《天堂》	网易股票成为 2002 年在美国纳斯达克市场表现第一的股票		在网易成功的示范下，新浪学习其游戏策略，不担心如自己告搜狐般被网易起诉吗？协同进化与竞争		
2 月				进军网络游戏领域《骑士 Online》	
3 月					
4 月					
5 月		汪延出任新浪 CEO		全程彩信直播搜狐登山队登顶珠峰	搜狐网上网下互动的"做秀"与企宣
6 月					
7 月					

续表

时间	TENCENT	SINA	NTES	SOHU	战略评价
8 月	推出的"QQ游戏"引领互联网娱乐体验				
9 月	QQ 用户注册数升到2亿				
	推出企业级实时通信产品"腾讯通"（RTX）	网易推出超大50兆免费邮箱www.126.com		与新浪等其它门户相互学习，界入企业服务市场。	
10 月		新浪 iGame网络休闲娱乐平台			
11 月			网易推出自主研发的大型网络游戏《梦幻西游Online》		
12 月	Tencent Messenger（简称腾讯TM）对外发布	新浪宣布收购在线旅行服务公司			
2004 年					
1 月					
2 月					
3 月					

续表

时间	TENCENT	SINA	NTES	SOHU	战略评价
4 月	QQ 注册用户数再破 3 亿				
5 月					
6 月	腾讯控股在香港联合交易所主板正式挂牌，第一家在香港主板上市的中国互联网企业。		网易免费邮箱扩容至 260 兆		
网易泡泡 2004 升级版	搜狐发布大型网络游戏《刀剑》	战略节点：IPO			
7 月		宣布收购 UC 即时通讯技术平台			QQ 的 IPO 成功使得各家觊觎腾讯 IM 市场，只是门户网的锁定效应难破解……
8 月	QQ 游戏同时在线突破了 62 万居国内第一大休闲游戏门户			推出第三代互动式搜索引擎——搜狗	
9 月					
10 月	在 Alexa 国内门户综合排名第 4，为最具影响力的门户之一				
11 月					

续表

时间	TENCENT	SINA	NTES	SOHU	战略评价
12月	QQ游戏同时在线突破100万				
2005年					
1月					
2月	QQ同时在线人数突破1000万	新浪与盛大公司的收购与反收购			
3月			网易搜房联袂缔造房产权威平台，推出sou-fun.163.com		新浪学网易游戏网易学新浪资讯
4月			网易联手金融界，营造人性化财经证券资讯平台	收购中国领先的在线地图服务公司GO2Map	
5月					
6月		新浪正式推出自主研发搜索引擎"爱问"			百度的成功使新浪和搜狐都后悔业务发散丢失搜索市场。
7月					
8月					
9月		新浪正式推出Blog2.0公测版			新浪的博客在名人效应推动下后发先至，与后来的微博一起为新浪访问量和市值提升贡献颇大。

续表

时间	TENCENT	SINA	NTES	SOHU	战略评价
10 月					
11 月	"QQ 幻想"角色扮演游戏同时在线人数突破 50 万				
12 月					
2006 年					
1 月	腾讯公司网络游戏入选适合未成年人的网游产品				网游产品最大的风险是伦理责难
2 月					
3 月					
4 月			网易投资近 3800 万美元建立杭州新研发基地		
5 月		新浪公司宣布调整管理层		门户网站独家视频播报世界杯	与新浪屡次争夺资讯第一平台
6 月					
7 月					
8 月					
9 月				成为 NBA. com/China 合作伙伴	
10 月					
11 月					

续表

时间	TENCENT	SINA	NTES	SOHU	战略评价
12 月			网易内容荣登《南方周末》"2006年度传媒致敬榜"		
2007 年					
1 月					
2 月				联手央视全球首次网络视频同步直播春晚	
3 月				联手清华大学建立联合实验室，以搜索技术发展人工智能	
4 月					
5 月					
6 月					
7 月	腾讯 QQ 同时最高在线人数突破3000 万				
8 月					
9 月					
10 月	腾讯研究院正式挂牌成立				
11 月					
12 月			网易有道搜索正式版上线		

续表

时间	TENCENT	SINA	NTES	SOHU	战略评价
2008 年					
1 月	腾讯财付通获"最受B2C商户信赖支付平台奖"			搜狐博客3.1版正式上线	腾讯受淘宝启发进军电子支付领域，搜狐进军博客市场。
2 月					
3 月	腾讯QQ同时最高在线人数突破4000万				
4 月					
5 月					
6 月	腾讯的"企鹅"平台战略模式荣获2007年度最佳商业模式				
7 月					
8 月			网易获得暴雪娱乐旗下星际争霸II、魔兽争霸III的独家运营权	搜狐奥运赛事信息系统上线	

时间	TENCENT	SINA	NTES	SOHU	战略评价
9 月			网易有道更新标识及域名，并推出有道桌面词典 2.0、有道个性首页、有道新闻等多个新产品		
10 月					
11 月					
12 月					
2009 年					
1 月			网易博客正式上线		新浪博客成功引发腾讯网易搜狐纷纷效仿
2 月	腾讯 QQ 同时最高在线人数突破 5000 万 QQ 空间登陆用户人数突破 2 亿大关				
3 月	手机 QQ 空间同时在线 200 万				
4 月	QQ2009 代号"蜂鸟"发布	QQ 获中国驰名商标认定		搜狐控股网络游戏子公司畅游在纳斯达克正式挂牌上市	
5 月					
6 月			诚信邮件联盟	搜狗拼音输入法三周岁	

续表

时间	TENCENT	SINA	NTES	SOHU	战略评价
（放在此处而不是三年前是因为当时人包括搜狐人自己都不看好该产品，认为业务前景不大。现已成为其切入互联网平台战略的起点与入口）	三年前的一个无心之举现在才显现其平台价值——打字/搜索/浏览的上网3行为造就其搜狗输入法/搜索引擎/浏览器三个新产品				
7月	腾讯公司授权专利总数突破400项比肩于Google、Yahoo等国际互联网巨头				
8月					
9月				搜狐视频推出搜狐高清纪录片	优酷成功的示范效应
10月					
11月		新浪宣布完成1.8亿美元私募融资			
12月					

续表

时间	TENCENT	SINA	NTES	SOHU	战略评价
2010 年					
1 月					
2 月			网易邮箱推出了"@计划"		
3 月	QQ 同时在线人数破亿			搜狗输入法发布 5.0 正式版,首次将"云计算"技术运用到搜狗输入法客户端。	
4 月	腾讯投资 3 亿美元于 DST 开拓俄语和东欧市场			搜狐微博（ http：//t. sohu. com/）开放公测	
搜狗高速浏览器 2.0 版发布		搜狐与新浪贴身竞争			
5 月					
6 月				推出搜狐爱家团（http：//tuan. sohu. com/），成为首家进军团购业务的门户网站	在美国 groupon 成功示范下中国 IT 界的"百团大战"
7 月					

续表

时间	TENCENT	SINA	NTES	SOHU	战略评价
8 月				对搜狗进行战略重组引进阿里巴巴作为战略投资。	
9 月					
10 月					
11 月	与 360 的 3Q 大战				几乎所有中国 IT 企业的站队与组团拼杀——争夺互联网首席信息终端平台之战
12 月					
2011 年					
1 月	腾讯设立 50 亿元产业共赢基金，展开"开放，共享"计划。		倩女幽魂、大唐无双等产品加入游戏阵营		
2 月				搜狗推出 73 城市三维城市地图	视频推出门户剧《钱多多嫁人记》
3 月		微博用户数过亿			
4 月	腾讯在天津建设亚洲最大的云数据储备处理中心				
5 月					

续表

时间	TENCENT	SINA	NTES	SOHU	战略评价
6月	腾讯10亿投资武汉建设无线互联网技术研发中心				
腾讯召开合作伙伴大会，打造最成功开放平台		2011年6月份，有道推出有道笔记1.0Beta版		战略节点：3Q战后腾讯走向开放平台商务模式，从人民公敌转向商业生态圈建设。	
7月	腾讯战略投资金山软件				
8月				搜狗浏览器3.0正式版推出	
9月					
10月					
11月					
12月					

7.3 基于行为生态学的战略演化案例分析与理论印证

从上文中关于四家综合门户网站战略发展演化的对照分析中可以看出，在它们成立之初，这些门户网站只提供简单的搜索引擎服务（腾讯提供 IM——instant message 即时信息服务）。后来随着竞争的加剧，门户网站公司提供的服务产品线逐渐丰富起来，只要新业务能提升网站人气和流量，则一拥而上。在传统产业中需要长时间演化才能形成的多元化经营状态，在该产业中短时间即可形成。考虑到前文提及的互联网产业作为高科技产业与传统产业相异的产业特性（网络效应、锁定效应、报酬递增、对标准的争夺以及快速的创新与变革等），所有这些原来令人费解的现象，放在互联网经济特征的背景之下，其实也不足为奇。

7.3.1　企业战略演化中的创新与变革

分析四家网站企业的创业经历以及经营过程中战略行为的创新与变革，有时不得不对人类自以为是的规划智慧感到汗颜。四家门户网站创办之时，各自推出自己的所谓独特服务，其实有着相当大的偶然性。

（1）新浪中文资讯平台的偶然起步

新浪前身四通利方在报导 1998 年法国世界杯时迅速聚集起网络人气，偶然间尝到甜头后，便走上一条"中文信息资讯平台"之路。回头来看当时新浪的新闻业务之所以一炮而红，其实是由于当时中国缺少一张全国性的晚报（人民日报定位于政治喉舌的角色，缺少老百姓喜闻乐见的娱乐休闲内容），而新浪此举实际上扮演了一个供网友免费浏览的全国性晚报信息的角色。

（2）网易创业的自然与无意

网易的创始人丁磊取"网易"这个名字的初衷就是"希望上网变得容易些"，因此，除了使用简单易记的数字域名 163 之外，网易还向用户提供了许多免费服务。从最初的免费个人主页，到后来的免费电邮、虚拟社区，凭借这些免费的服务项目，网易注册用户的数量快速增长，低价战略为网易的发展积累了庞大的用户。而所有这一切的初衷并不是丁磊的战略规划，而是一种后来被人认识到的"商业直觉"。当时丁磊自己本身便是个网络发烧友（丁是中国第一批拥有并维护个人主页的网络人士），丁磊创业中所做的一切，当初只是为了解决自己和社区网友上网不便的问题而已。这一逻辑其实与前文中介绍的HAO123 的发展一模一样，只不过在境界与层次上有所差异而已。

（3）搜狐的模仿与学习规划

搜狐选择了免费的分类搜索引擎，作为自己的出击产品，这是唯一一个有着学习对象和商务模式规划意识的公司。它学习与复制的商业模式对象就是美国互联网门户鼻祖——雅虎。在创业初期，甚至其网络域名 sohoo. com，都是模仿雅虎的 yahoo. com，业界称之为"画虎成狐"。但是在前文的公司适应性指数评价中我们可以看出，这个最有清晰规划意识与商务计划的公司，反而是目前四家之中相对最难以令人满意的门户网站。

（4）腾讯的随兴无奈与成就

腾讯的创业故事则更富于戏剧性。1998 年 11 月，马化腾和同学张志东创建腾讯，最初业务是想找些当时市场极火的寻呼台做系统集成。其后来赖以成名的软件 OICQ（QQ 前身）在产生之初，只是几个技术人员开发的用于在办公室即时沟通的一个小挂件，是马化腾模仿以色列 ICQ 的一个随兴之作。当时谁也不信这样一个不起眼的小软件会创造出利润来。因为它在 1999 年 2 月推出时并非一种创新产品。市场上已经有世界级品牌 ICQ 在网民中大量应用，只不过没有中文版。而且在国内的中文版中，也已经有了 PICQ、CICQ 产品，并且技术上也和 OICQ 不相上下。无奈之下，马想将其卖点钱，但是几家的报价都让他难以接受。于是 1999 年初的某一天，马化腾索性将 OICQ 挂在网上供网民免费下载。奇迹发生了！OICQ 的用户数短时间内呈几何级增长，不到二年时间就发展了 3000 多万用户。这个令后人看来的天才之举（实际上是创业者气急败坏下的无奈）大大加速了其"圈地运动"的进程。目前，腾讯 QQ 的用户群已经成为中国最大的互联网注册用户群，腾讯成为中国最大的即时通信服务网络，现在很多年轻人已经把 QQ 号码作为与电话号码、电子邮箱等并列的重要联系方式之一，用于日常沟通和平时常用的办公文件服务。腾讯也由此成就了其最核心的竞争力——客户端渠道的垄断性地位。自此，腾讯每横向拓展一个新的盈利增长业务，无需太多创新，也无需市场投入与推广，仅是凭借客户渠道的垄断性优势，就能获得令竞争对手欣羡不已的丰厚回报（在其 2010 年放出消息要切入团购市场时，当时团购市场最大也是最早做该业务的美团网 CEO 甚至当着记者的面脱口骂出"狗日的腾讯"，并引发互联网从业人士的同仇敌忾）。当时看来没有成熟财务前景的商务模式现在回望分析起来，简直是一个天才的设计——免费获取网络终端平台 + 增值的收费商务服务 = 无限的发展前景！该模式现在成为各家艳羡甚至模仿的公开秘笈。2010 年 11 月间爆发的轰动性的 3Q 大战，各方的用意也是在争夺网民的首席网络终端平台。

从以上四家企业在创业之初的偶然与较少规划性的战略行为可以看出，以前产业规划等传统经典的战略管理理论的确有修正的必要，而基于行为生态学的战略演化思想则能给我们带来很多的启迪与思考。

7.3.2 企业战略演化中的竞争与协同

十几年间，中国几大商业门户网站先后经历了创业时的艰辛，上市的辉煌，互联网泡沫破灭时的寒冬，以及自 2003 年以网易为先的门户网站依次突破重围，其间的跌宕起伏可谓精彩纷呈。当今，随着百度、盛大、360、SNS 网站、团购、淘宝等网络新贵纷纷挟新的产品与业务加入互联网行列，竞争更趋白热化。门户之间的竞争也已经从最初争夺眼球的"注意力经济"之争，演变为"体验式经济"之争，各家都开始更加注意"消费者体验"。产品品类包含了从新闻、短信、游戏、搜索引擎、社交、博客、微博、E-mail 服务、网络存储、电子商务⋯⋯等网民所能想到和想不到的大量服务。业务与业务之间、平台与平台之间、软件与硬件之间、产业与产业之间表现出令人惊叹的 3C（计算机、通信、消费类电子产品）融合现象。彼此间界限越来越模糊，竞争态势波诡云谲，激烈的竞争促进了产业内与产业间的学习与协同。在给我们带来快速变化的产业发展的同时，服务内容呈现出了惊人的雷同性，新产品一经推出即引起业界迅速跟进模仿，直至目前，大家都在想方设法地切入到对网民网络平台终端的争夺上来。

正因为如此激烈的竞争，各大门户网站纷纷用各种资源换时间，甚至采取了急功近利的"挖墙脚"战术。所有公司都试图通过挖别人的关键业务人士，迅速弥补自己在该方面的缺陷与短板，进而轻松获得新的业务增长点。这样的"猎人"事件在门户网站业界不胜枚举，甚至是 CEO 亲自上阵主刀。据《IT 时代周刊》报道，2002 年底，TOM 挖走了搜狐负责短信栏目的副总裁冯珏；2006 年又猎走了搜狐前新闻中心总监曾伏虎，也正是这些人让 TOM 实现了快速发展。作为最初挖人战术的受害者搜狐，后来看到新浪新闻业务的领先优势而挖来了原本是新浪的体育主编敖明。敖明投奔搜狐之后果然不负众望，很快令搜狐体育有了相当起色。而与腾讯进行 3Q 大战（指发生在 2010 年 11 月间 360 和 QQ 为争夺网民的终端而相互卸载的恶性竞争事件）的马鸿祎更是原来 3721 的创始人，后来被雅虎收购后离职二次创业，开发 360 网络安全卫士产品进而免费风行网络的 IT 业界资深人士。也正是 360 的一将功成，令原来过好日子的金山毒霸、瑞星杀毒软件和 KV3000 等产品刹那间万骨成灰。

7.3.3 企业战略演化中战略行为的选择与适应

（1）新浪的战略行为与市场选择

新浪是由软件技术专家王志东创办的，向来务实的他始终注重企业内涵的建设，认为内容是一个 ICP 网站赖以生存的基础，并提出了"中文信息平台"理念。从此引领新浪走上了一条以综合新闻作引导，依托内容，网聚用户，进而以网络广告作主打的业务发展之路。正如下面 2011 年新浪第二季度的最新财报中业务收入组成所示，网络广告至今依然是其财务收入的镇山之宝。

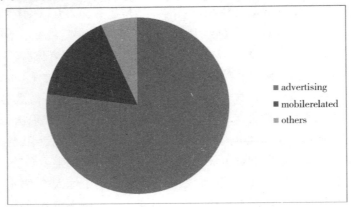

图 7 - 1   新浪公司 2011 年第二季度业务收入组成

（资料来源：根据新浪公司 2011 年第二季度财报整理 2011 年 8 月 18 日）

（2）网易的战略行为与市场选择

作为中国最资深的网络发烧友和优秀程序员之一，网易的创办者丁磊向来比较扎实低调。而作为门户网站中最先投入网络游戏业务，并借此率先走出财务困境的代表，网易的在线游戏业务至今仍然在综合门户网站中占据优势地位。这种态度在最新 2011 年第二季度的财务报告中再次得以彰显。

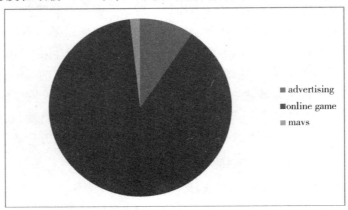

图 7 - 2   网易公司 2011 年第二季度业务收入组成

（资料来源：根据网易公司 2011 年第二季度财报整理 2011 年 8 月 18 日）

（3）搜狐的战略行为与市场选择

搜狐是由张朝阳模仿美国 Yahoo 创办的，所以从诞生那天起，学习与模仿就成为搜狐的战略选择逻辑。在国内的战略竞争中，搜狐公司在广告上学习新浪，在游戏方面借鉴网易，各方业务都有一定的进展，这一点在 2011 年第二季度财报数据中也得以验证。看来搜狐多年来坚持的紧盯竞争对手"以变制变、贴身竞争、注重创造性模仿"的发展路径也是小有所成。

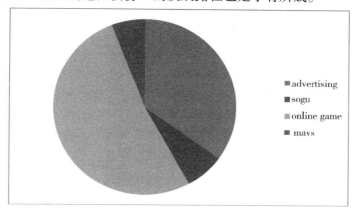

图 7 - 3　搜狐公司 2011 年第二季度业务收入组成

（资料来源：根据搜狐公司 2011 年第二季度财报整理 2011 年 8 月 1 日）

（4）腾讯的战略行为与市场选择

在不经意间走上了互联网终端平台的康庄大道以后，腾讯公司几年间更是四面出击。QQ 平台上挂的服务品类越来越多：IM 服务、QQ 邮箱、博客空间、微博、购物中心、QQ 钱包、SOSO 搜索、QQ 游戏、QQ 音乐、QQ 影音、QQLIVE 网络电视、QQ 浏览器、QQ 硬盘……然而，网民们还是习惯搜索用百度，购物上淘宝、新闻看新浪……提起 QQ 来，大家第一想到的仍是它的即时通信服务。在经历了四处跟进模仿扩张，成为 IT 业界的"人民公敌"后，2011 年 6 月开展的合作伙伴战略正在试图开放 QQ 平台，打造 IT 界的商业生态圈。

可见，网站的创办者和经营者在创业初始时期的状态与战略选择逻辑，对门户网站的风格形成有着深刻的影响，而这种风格与文化的影响，也进一步决定着企业的下一步战略行为的选择与战略演化的方向。

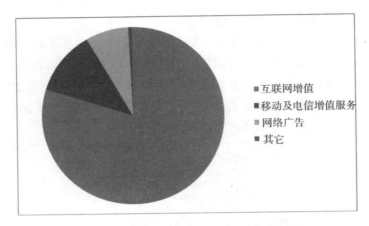

图 7 - 4　腾讯公司 2011 年第二季度业务收入组成

（资料来源：根据腾讯公司 2011 年第二季度财报整理 2011 年 8 月 10 日）

7.3.4　企业战略演化中的路径依赖与传衍限制

通过研究四家公司的发展脉络以及目前的市场态势，我们有一个非常值得回味的发现：新浪的新闻始终处于领先地位，搜狐和网易尽管从整体和细节上都进行追赶，却始终难以超越；网易向来以网络游戏称霸天下，新浪和搜狐采取多种方式进行游戏开发对其进行追赶，却始终难以达到目的；而"画虎成狐"的搜狐，似乎一直都是沿着这种紧盯对手、模仿对手的"老二道路"进行发展，而它的发展模式似乎也从未摆脱美国雅虎的影子；腾讯在经过四处扩张的边际后，目前又回到了其发家的初始逻辑——开放平台。也就是说，虽然三大门户网站都频繁推出新的对策，应对白热化的竞争，但是他们的整体竞争战略文化与逻辑，却维持了相对的演化一致性与战略稳定性，他们的发展路径也呈现出明显的轨迹特征。

早期的中国门户网站主要是复制西方，尤其是美国门户网站的发展模式。腾讯复制的是以色列的 ICQ 模式；新浪、网易及搜狐三大门户网站按照美国 Yahoo 的门户概念进行发展；百度学习 Google 的发展方式，等等。这种发展路径为后起网站提供了一条可供借鉴的道路。有学者在总结了中国门户网站的发展历程后，得到了这样的结论：四大门户网站在过去几年内取得的巨大成功，让后来者产生了颇有影响力的商业路径——紧盯美国 IT 产业，一有新典型马上以"Me too"形式复制，然后打一个"中国化"的特色与概念吸引风险投资，然后完成，赴资本市场上市。

在公司上市后，由于IT行业本身激烈的竞争强度，而门户又是互联网领域中最值钱的入口与区域，所以紧跟而来的资本市场的财务要求与日新月异的产品与技术创新，给公司的经营者们带来极大的业绩压力与商务挑战。于是他们不得不每天都在产业与业务内容中激烈竞争与拼杀，为了缩短学习与产品推出周期，产生了大量彼此间的模仿与复制。从最终效果来看，一方面模仿与复制战略使后来者，在新业务模式的摸索中少走了弯路，加速了盈利进程。另一方面让这些邯郸学步的门户网站尝到了苦果。不断学习与模仿新产品品类的过程，让公司经营者难以静下心来关注与开发自己的核心竞争力，待到别人将自己无意间放弃的本来优势业务发扬光大，并在资本市场上大放异彩时为时已晚。最为典型的，四大门户网站中的新浪、网易和搜狐三家最初都是依靠提供搜索引擎服务起家的，但在发展过程中，它们却逐渐丢失了这一传统优势业务，而是学着新浪做新闻，跟着搜狐做娱乐，模仿网易发展网络游戏，借鉴腾讯开发即时信息服务……直到谷歌和百度凭借搜索业务在美国纳斯达克迅速崛起并反超，各大门户网站才追悔不及。于是我们今天又看到了这样的景象：搜狐开始大力推广自己的子品牌"搜狗"，新浪隆重推出"爱问"，网易再次推出"有道搜索"，三家都在试图重夺在搜索市场上的一席之地，然而由于前文提及的网络经济的产业特性，再次赶超的希望渺茫。反而是一直在IM领域深耕并不断进行产品微创新的腾讯公司后来居上，成为业界老大。需要加以说明的是，腾讯在即时信息服务市场上占据优势地位后也曾四处出击，在自己于各方业务扩展的同时，也给了新浪UC、网易泡泡等IM产品以发展空间，直到2011年的平台开放战略才又回归到其创业逻辑原点。

7.4　本章小结

本章对照研究了中国互联网四大综合门户网站的战略演化历程，并通过对其发展过程的梳理与分析，让我们看到了纷繁的战略竞争行为背后的战略演化逻辑与脉络，印证了行为生态学视角下企业战略演化的创新与变革——竞争与协同——市场评价与选择——学习与传衍的过程与阶段。

第八章

结语与展望

8.1　研究总结

正如前文综述所说，生态学理论特别是行为生态学理论，是为解释生态系统复杂生态现象，及其繁衍规律，而产生的非常有价值的理论体系。该理论的研究范式正向其它学科，特别是经济与管理学科进行延伸，并且产生了更为广阔的前景与价值。与传统经济与管理理论擅长研究静态均衡所不同的是，基于生态演化的战略演化研究更着重于事物发展与变化的过程，以及在此过程中体现出来的规律。由于加入了时间维度的考量，一方面使其研究成果更富于实践意义，但另一方面，在知识体系与管理模型的成熟程度上还存在着不足。

8.1.1　主要工作

该书借鉴了行为生态学的知识体系和研究范式，在关于企业战略演化方面做了以下一些工作：

进行了相应的文献分析与综述。介绍了生态学、行为生态学基本研究内容和研究范式，并与企业战略管理理论的回顾相对照，论述了以行为生态学的方法和工具，研究企业战略演化的合理性与科学性。

梳理出企业战略演化过程大致的演化路径与阶段。在行为生态学基础上，结合演化经济学和组织生态学理论，初步描绘出企业战略演化的基本路径：战略的创新与变革、竞争与协同、战略评价与市场选择、学习与传衍。这四个步骤与阶段彼此启承循环，构成企业战略演化的基本过程与路径。

借助基因变异理论和拉马克学说体系，论述了企业战略变革与创新中的特点。企业战略行为的变革与创新基本呈现两种类型：突变式与渐变式，这两种变革方式分别以市场拉动式变革（微创新）和研发推动式变革（重大创新）

存在于企业经营实践中。该文分析了以上两种战略变革的特点，以及在战略管理中适宜辅以的管理方式。

借助行为生态学中的演化博弈理论，推导出的进化稳定策略（ESS）与进化稳定均衡（ESE），解释了企业间的部分竞争行为与机理。在此基础上，又以生物界的红桃皇后理论解释了生物与企业战略中的协同竞争效应。

借鉴生态学的评价方法，建立了基于行为生态学的企业战略评价指标体系。首先是基于生态学和生态位理论，对企业实质以及企业经营过程的模型构建，接下来加入企业适应度指标，总结了市场对企业战略行为的选择概念模型。同时，结合我国互联网四大综合门户网站的表现，进行了战略的定量评价。

总结梳理了组织学习、企业惯例、文化约束和路径径依赖等关于企业战略继承与传衍理论。企业战略演化中，学习与遗传的大部分概念与内容多存在于以上研究领域中。

8.1.2　研究说明

战略演化的分析，对于技术与环境突变多且快的行业更有借鉴意义。但是，不足与局限之处在于模型的定量与完善程度有待提升。同时，需要加以明确的是，即使模型再完美，那种指望通过数学推导得出企业战略的努力永远都是徒劳的，数据的价值更多体现在战略行为效果的评价上。而演化规律带给具体战略行为选择指导方面的价值，更多在于其启迪性，而非真理性。

8.2　研究展望

正如在演化经济学的综述中所说，生态学的研究方法对人文社会学科，特别是经济与管理学科，有着非常重要的价值与前景，同时在研究进程与形成成果方面，也存在着非常大的困难。演化中的时间变量是一个极为重要的维度与影响因素，但是如何将之融入到定量研究模型中去，是一个非常大的挑战。该书对此进行了必要的探索，但也未能有更大的突破与进展，更不敢言有何建树。如果条件允许，进一步的研究工作计划在如下方面展开：

以该文的内容与结论，作为将来系列战略演化研究的起点，记录每一季度相关的指标与数据，以及公司的市场、财务与资本市场的表现与评价。同时关注四家综合门户网站及新涌现竞争对手的战略行为。如此连续跟踪研究 8～10

年，则形成的研究结论与启示将更富有价值。

竞争过程中，企业战略行为的数学表现。竞争效果的评价可以通过财务、市场、以及流量数据统计等方式呈现出来，而作为与此相关的互动方——来自组织内部的战略行为的数学表达，是一个很大的挑战与研究提升空间。

企业战略发展预测。尽管预测是管理研究中学者不愿过多涉足，且着意回避的方式与领域，但是为了验证演化理论的前导性和规律性，可以考虑在该方面有所尝试。研究中将预测结果记录下来，并与若干年后的实际情况对比检验，即使对照结果有较大差异，也能为下次研究的科学性提供借鉴。

参考文献

［1］刘娟娟．媒体盘点乔布斯的忠告：犯错误不等于错误．《环球》杂志第 20 期，2011 年 10 月 16 日。

［2］Alfred D. Chandler, Strategy and Structure, Cambridge, MA：MIT Press, 1962.

［3］Ansoff, H. I. Corporate Strategy：An Analytic Approach to Business Policy for Growth and Expansion. New York：Mc – Graw – Hill, 1965.

［4］Peter F. Drucker. The Practice of Management. Harper & Row. Place of publication . 1954.

［5］亨利·明茨伯格，布鲁斯·阿尔斯特兰德．战略历程（修订版）［M］，北京：机械工业出版社，2006，10 ~ 15，18。

［6］Barney, J. B. St rat egi c Fact or Market s：Expect at i ons, Luck, and Business Strategy. Management Science 1986. 32/ 10. 1231 ~ 41. Resource, firms, and Strategi es. London：Oxford University Press, 1997.

［7］Teece, D. J. , Pi sano, G. & Shuen, A. Dynami capabilities and Strategic Management. Strategic Management Journal, 1997, (14)：61 ~ 74.

［8］Barney, J. B. Is the Resource—based "Vi ew" a Useful Perspective for Strategic Management Research. The Academy of Management Review, 2001, (26) .

［9］Penrose, E. T. The theory of Growth of the Firm. Basil Blackwell Publisher, Oxford, 1959.

［10］Ansoff, H. I. Corporate Strategy：An Analytic Approach to Business Policy for Growth and Expansion. New York：Mc – Graw – Hill, 1965, 23 ~ 30.

［11］Andrews, K. R. The concept of Corporate Strategy. Illinois：Burr Ridge：Dow Jones Irwin, 1971.

［12］Michael E. Porter. Competitive Strategy：Techniques for Analyzing Industries and Competitors, The Free Press, N. Y. 1980.

［13］Michael E. Porter. From Competitive Advantage to Corporate Strategy. Harvard Business Review, May－Jun, 1987.

［14］Boston Consulting Group. The Product Portfolio Concept, Perspective 66. Boston：Boston Consulting Group, Inc. , 1970.

［15］Charles E. Lindblom. The Science of "Muddling Through". Public Administration Review. Vol. 19. No. 2（Spring, 1959）, pp. 79～88.

［16］James Brian Quinn. The strategy process：concepts, contexts, cases. Prentice Hall, 1996.

［17］Peter M. Senge. The Fifth Discipline. Currency press, 1990.

［18］Barney, J. Organizational Culture：Can It Be a Source of Sustained Competitive Advantage. Academy of Management Review, 1986, 11（3）：656～665.

［19］Henry Mintzberg. The strategy process：concepts, contexts, cases. Prentice Hall, 1996.

［20］Michael E. Porter. Competitive Advantage, The Free Press, N. Y. 1985.

［21］Prahalad, C. K. , and G. Hamel. The Core Competence of the Corporation. Harvard Business Review, May－Jun, 1990.

［22］C. K. Prahald and G. Hamel. The Theory of the Firm. Oxford Press, 1990.

［23］（丹麦）尼古莱·J·福斯. 企业万能：面向企业能力理论［M］. 李东红译. 大连：东北财经大学出版社, 1998。

［24］Alfred D. Chandler. Scale and Scope. Cambrideg, MA：Harvard University Press, 1990.

［25］George Stalk, Philip Evans and Lawrence E. Shulman. Competion Based on Capability：New Principles of Corporation Strategy. Harvard Business Review, March－April, 1992.

［26］李显君. 国富之源企业竞争力［M］. 北京：企业管理出版社, 2001。

［27］E. T. Penrose, The Theory of the Growth of the Firm, M. E. Sharpe, Inc. , 1959.

［28］Wernerfelt B. A Resource－Based View of the Firm. Strategic Management Journal, 1984.

［29］Collis D. J. and C. A. Montgomery. Creating the Advantage of a Firm. Harvard Business Review, May－Jun, 1998.

［30］Collis, D. J. and C. A. Montgomery. Competing on Resources：Strategy in the 1990s. Harvard Business Review, May－Jun, 1995.

［31］（美）大卫·J·科利斯, 辛西娅·J·蒙哥马利. 公司战略企业的资源与范围［M］. 王永贵, 杨永恒译. 大连：东北财经大学出版社, 1997。

［32］约瑟夫·熊彼特. 经济发展理论［M］. 何畏, 易家详译. 商务印书馆, 1990。

［33］约瑟夫・熊彼特．经济分析史［M］．朱泱，孙鸿敬，李宏译．商务印书馆，1996。

［34］约瑟夫・熊彼特．资本主义、社会主义与民主．吴良健译．商务印书馆1999。

［35］达尔文．物种起源［M］．北京：科学出版社，1972。

［36］拉马克．动物哲学［M］．北京：商务印书馆，1936。

［37］尚玉昌．行为生态学［M］．北京大学出版社，2001，230。

［38］理查德・R.纳尔逊，悉尼・G.温特．经济变迁的演化理论［M］．北京：商务印书馆，1997。

［39］亚当・斯密．国富论［M］．郭大力，王亚南译．北京：商务印书馆，2003。

［40］马歇尔．经济学原理［M］．朱志泰译．北京：商务印书馆，1981。

［41］StiglerG J. The Division of Labor is limited by the Extent of the Market［J］. Journal of PoliticalEconomy, 1951（59）.

［42］Adizes, Ichak（1979）, "Orgnaizational Passage: Diangosing and Treating Lief Cycle Problem in Ogrnaizations"［J］. Orgnaizational Dynamics, smumer, 3 ~ 24.

［43］Adizes, Ichak（1988）, "Coprorate Lief Cyeles: How and why Coproartions Grow and Die What to Do About It［M］. Perntice – Hall, 1988.

［44］Adizes, Ichak（1979）, "How to sovel the Mismanagement Crisis"〔M〕, Dow – Jones – irwin, 1979.

［45］Coase R. H.: TheNature of the Firm［J］. Economica, 1937（4）: 386 ~ 405.

［46］Williamson: Market andHierarchies: Analysis and Anti – Trust Implications［M］. New York: Free Press, 1975.

［47］Williamson: The Economic Institute ofCapital［M］. New York: Free Press, 1985.

［48］李允尧．企业成长能力研究［D］．中南大学博士学位论文，2007。

［49］Penrose E. T.: TheTheory of theGrowth of the Firm［M］. London: Oxford University Press. 1997.

［50］Collis D. J. and Montgomery C. A.: Competing on resources: strategy in 1990s［J］. Harvard Business Review, 1995（73）.

［51］Nelson R. andW inter S.: An evolutionary theory of economic change［M］. Cambridge: Harvard University Press, 1982.

［52］Prahalad C. K. and Hamel G.: The Core Competence of the Corporation［J］. Harvard Business Review, 1990（May – June）: 79 ~ 91.

［53］Teece D. , PisanoG. & ShuenA: Dynamic capabilities and strategic management［J］. Strategic Management Journa, l 1997（18）: 509 ~ 533.

［54］杨杜．企业成长论［M］．北京：中国人民大学出版社，1995。

[55] 张林格. 三维空间企业成长模式的理论模型 [J]. 南开经济研究, 1998, (05): 45~49。

[56] 赵晓. 企业成长理论研究 [D]. 北京大学博士学位论文, 1999。

[57] 徐艳梅. 企业成长研究 [J]. 北京工业大学学报, 1999, (12): 53~56。

[58] 邰文兵, 詹荷生. 企业成长二次跨越模式探讨 [J]. 科学学与科学技术管理, 2000, (04): 41~43。

[59] 刘东. 核心竞争力——企业成长的超久能源 [J]. 企业改革与管理, 2000, (05): 18~19。

[60] 赵曙明, 吴慈生, 徐军. 企业集团成长与人力资源管理的关系研究 [J]. 中国软科学, 2002, (09): 46~50。

[61] 范明, 汤学俊. 企业可持续成长研究——一个一般框架及其对中国企业可持续成长的应用分析 [J]. 管理世界, 2004, (10): 107~113。

[62] 经济与管理研究编辑部. 中国企业成长的规律性研究——首届中国企业成长研讨会综述 [J]. 经济与管理研究, 2004, (06): 3~6。

[63] 郭蕊. 企业可持续成长能力的关键纬度及分析模型 [J]. 科学学与科学技术管理, 2005, (11): 137~141。

[64] 张明, 许晓明. 转轨经济中制约企业成长的四维模型初探 [J]. 上海管理科学, 2005, (04): 28~30。

[65] 许晓明, 徐震. 基于资源基础观的企业成长理论探讨 [J]. 研究与发展管理, 2005, (04): 91~98。

[66] 钟宏武, 徐全军. 国内外现代企业成长理论研究现状比较 [J]. 经济管理, 2006, (01): 39~43。

[67] 张焕勇. 企业家能力与企业成长关系研究 [D]. 复旦大学博士学位论文, 2007。

[68] 吕一博. 中小企业成长的影响因素研究 [D]. 大连理工大学博士学位论文, 2008。

[69] 邵艳华. 基于 Agent 的企业演化模型仿真研究 [J]. 计算机工程与设计, 2009, 30 (10)。

[70] 王皓, 李玉红. 企业演化的动态特征及其对劳动就业的影响 [J]. 经济管理, 2010 年第 7 期 (总第 475 期)。

[71] 甘德安, 杨正东. 基于混沌理论分岔与分形视角的家族企业传承研究 [J]. 理论月刊 2010 年第 5 期。

[72] 田银华, 向国成. 基于契约治理理论的家族企业演化博弈研究 [J]. 求索, 2011, 1。

[73] Henry Mintzberg. The strategy concept I: Five Ps for strategy. California Management

Review, Fall 1987, 13～24.

［74］David Levy, Choas theory and strategy: Theory, applications, and managerial implications, SMJ, 1994, Vol. 15, 167～178.

［75］Raza Mir and Andrew Watson, Strategic management and the philosophy of science The case for a constructivist methodology SMJ Vol. 21 No. 9 2000, 941～953.

［76］Ingeman Arbnor, Bjorn Bjerke, Methodology for creating business knowledge, SAGE publications, International educational and professional publisher, Thousand Oaks, 1996 P18.

［77］R. H. Coase. The Nature of the Firm: Meaning. In The Nature of the Firm: Origins, Evolution and Development ［M］. Edited by Oliver E. Williamson, Sindey G. Winter. Oxford University Press, 1993: 52.

［78］David J. Teece, Gary Pisano and Amy Shuen. Dynamic capabilities and strategic management, SMJ, Vol. 18, 1997, No. 6: 509～533.

［79］Seth, Anju; Thomas, Howard. Theories of the firm: Implications for strategy research. Journal of Management Studies, Mar94, Vol. 31 Issue 2, p165, 27p.

［80］Kathleen M. Eisenhardt and Jeffrey A. Martin. Dynamic capability: what are they? SMJ, Vol. 21, 2000, No. 12: 1105～1121.

［81］Michael E. Porter. What is strategy? Harvard Business Review. Nov－Dec 1996, pp. 61～78.

［82］尚玉昌. 普通生态学 ［M］. 北京大学出版社, 2001, 1。

［83］G. M. 霍奇逊. 现代制度主义经济学宣言 ［M］. 北京: 北京大学出版社, 1993。

［84］马歇尔. 经济学原理（上卷）［M］. 宗北京: 商务印书馆, 1997。

［85］道格拉斯·C. 诺斯. 时间历程中的经济绩效 ［A］. 北京: 经济科学出版社, 2003。

［86］杰克·J. 弗罗门. 经济演化——探究新制度经济学的理论基础 ［M］. 北京: 经济科学出版社, 2003。

［87］陈金波. 企业演化机制及其影响因素研究 ［M］. 北京: 经济管理出版社, 2008, 37～41。

［88］斯坦·J. 利博维茨, 斯蒂芬·E. 马戈利斯。键盘的寓言 ［A］.（美）史普博（Spulber, D. F.）. 经济学的著名寓言: 市场失灵的神话 ［C］. 上海: 上海人民出版社, 2004。

［89］Hannan, M. T. Freeman, J. H. The population Ecology of Organizations ［J］. American Journal of Sociology, 1977（82）, 926～964.

［90］Singh, J. V. Organizational Evolution: New Directions ［M］. Newbury park, CA: Sage, 1990.

［91］Carroll G. R. , A. Swaminathan. Density Dependent Organizational Evolution in the A-merican Brewing Industry from 1633 to 1988［J］Acta Sociologica, 1991（34）, 155～175.

［92］Hannan M. T. , Carroll, G. R. , Dynamics of Organizational Populaitons: Density, Le-gitimation, and Competition［M］. New York: Oxford University Press, 1992.

［93］Aldrich, H. E. , Organizations Evolving［M］. London: SAGE publications, 1999.

［94］Olav Sorenson, The effect of Population－Level Learning on Market Entry: The Ameri-can Autumobile Industry［J］. Social Science Research, 2000（29）, 307～326.

［95］Gregory N. Price, The Determinants of Entry fro Black－Owned Commercial Banks［J］. The Quarterly Review of Economy and Finance, 1995, 35（3）, 289～303.

［96］Jocl A. C. Baum, helaine J. Korn, Suresh Kotha, Dominant Designs and Population Dy-namics n Telecomunication Services: Founding and Failure of Facsimile Transmission Service Or-ganizations, 1965～1992［J］. Social Science Research, 1995（24）, 97～135.

［97］Carl M. Campbell, Ⅲ. , TheEffect of State and industry Economic Conditions on New firm Entry［J］. Journal of Economics and Business, 1996（48）, 167～193.

［98］Hannan, M. T. , Carroll, G. R. , Dundon, E. A. , and Torres, J. C. , Organizational evolution in Belgium Britain, France, Gremany, and Italy［J］. American Sociological Review, 1995（60）, 509～528.

［99］Hannan, M. T. , Inertia, Density and the Structure of Organizational Populations: En-tries in European Automobile Industries, 1886～1981［J］. Organization Studies, 1997（18）, 193～228.

［100］Lyda S. Bigelow, Glenn R. Carroll, Marc－David L. Seidel, Lucia Tsai, Legitima-tion, Gelgraphical Scale , and Organizationsl Density: regional Patterns of Foundings of American Automobile Producers, 1885～1981［J］. Social Science Research, 1997（26）, 377～398.

［101］Murray B. Low, Eric Abrahamson, Movements, Bandwangons, and Clones: Industry E-volution and the Entrepreneurial Process［J］. Journal of Business Venturing, 1997（12, 435～457）.

［102］P. A. Geroski, M. Mazzucato, Modelling the Dynamics of Industry Populations［J］. International journal of Industrial Organizaiton, 2001（19）, 1003～1022.

［103］Klepper S. The Caplbilities of New Firms and the Evolution of the US Automobile In-dustry［J］. Industrial and Corporate Change, 2002（11）, 546～666.

［104］杨忠直. 企业生态学引论［M］. 北京: 科学出版社, 2003。

［105］Baum J. A. C. , Singh, J. V. Evolutionary Dynamics of Organizaitons［M］. New York: Oxford University Press, 1994.

［106］（美）塞思·戈丁（Seth Godin）. 公司进化［M］. 沈阳: 辽宁教育出版

社，2003。

[107] Arthur, W. Brian, Self – Reinforcing Mechanisms in Economics ［A］. In Philip W. Anderson, Kenneth J. Arrow, and David Pines（eds.）The Economy as an Evolving Comples System ［C］. Addison – Wesley Publish Company, 1988.

[108] L. Magnusson and J. Ottoson（eds.）, Evolutionary Economics and Path Dependence ［M］. Edward Elgar Publishing Limited, 1997.

[109] Bathelt, H. , Malmberg, A. , and Maskell, P. , Clusters and Knowledge：Local Buzz, Global Pipelines and The process of Knowledge Creation ［A］. Danish Research Unit for Industrial Dynamics（DRUID）Working Papers, 2 ~ 12.

[110] 企业进化的战略研究 ［M］. 上海：上海财经大学出版社，1997。

[111] 李朝霞. 企业进化机制研究 ［M］. 北京：高等教育出版社，1990。

[112] 梁嘉骅，葛振忠，范建平. 企业生态与企业发展 ［J］. 管理科学学报，2002（4）。

[113] 韩福荣，徐艳梅. 企业仿生学 ［M］. 北京：企业管理出版社，2002。

[114] 金雪军，陶海青，陆巍峰. 企业组织惯例演化及多重均衡 ［J］. 经济纵横，2003（1）。

[115] 杨忠直，陈炳富. 商业生态学与商业生态工程探讨 ［J］. 自然辩证法通讯，2003（4）。

[116] 邓向荣. 企业组织演化理论评析 ［J］. 经济学动态，2004（8）。

[117] 李文华，韩福荣. 企业种群间协同演化的规律与实证研究 ［J］. 中国管理科学，2004（10）。

[118] 高洁，盛昭瀚. 产品竞争的产业演化模型研究 ［J］. 中国管理科学，2004（12）。

[119] 刘洪，郭志勇，徐晟. 企业系统演化及管理混沌理论的研究概述 ［J］. 管理科学学报1998（12）。

[120] 阎敏. 企业系统演化复杂性与企业发展问题研究 ［D］. 长春：吉林大学，2004。

[121] 张成. 基于 AHP 法企业生态化水平的模糊综合评价 ［J］. 科技管理研究，2006 年第 7 期。

[122] 胡斌. 基于复杂系统理论的企业生态系统动态演化研究 ［J］. 商业研究. 2008，11。

[123] 赵树宽. 基于 logistic 模型的企业生态系统演化分析 ［J］. 工业技术经济，2008，10。

[124] 张玉明. 耗散结构论视角下中小型科技企业生态位选择与构建 ［J］. 科技管理

研究，2009，1。

[125] 王举颖. 集群企业生态位态势互动与协同进化研究 [J]. 北京理工大学学报（社会科学版），2010，8。

[126] 徐建中，王莉静. 企业生态化协同发展机制及模式研究 [J]. 华东经济管理，2011，10。

[127] （美）保罗·霍肯（Paul Hawken），夏善晨等译. 商业生态学 [M]. 上海译文出版社，2001~09。

[128] （美）詹姆斯·弗·穆尔（James F. Moore），梁骏等译. 竞争的衰亡 [M]. 北京出版社，1999~01。

[129] （美）欧文·拉兹洛（Ervin Laszlo）等，文昭译. 管理的新思维 [M]. 社会科学文献出版社，2001~04。

[130] （美）肯·巴斯金（Ken Baskin），刘文军译. 公司 DNA：来自生物的启示 [M]. 中信出版社，2001~01。

[131] （美）达夫特（Richard L. Daft），李维安等译. 组织理论与设计精要 [M]. 机械工业出版社，1999~10。

[132] （美）罗启义（Ronald K. Law, MD），王晓路译. 企业生理学：企业活力探源 [M]. 新华出版社，2001~05。

[133] （美）大卫·A·艾克（David A. Aaker）等，曾晶译. 品牌领导 [M]. 新华出版社，2001~04。

[134] （美）温克勒（Winkler, A. M），赵怡等译. 快速建立品牌 [M]. 机械工业出版社，2000~08。

[135] J. C. Jarillo. On Strategic Networks [J]. Strategic Management Journal，1988，vol（13）.

[136] N. Nohria. Networks and Organizations：Structure, Form and Action [M]. Harvard Business School Press, Boston, 1992.

[137] R. S. Burt. Structural Holes：The Social Structure of Competition [M]. Harvard University Press, Combridge, 1992.

[138] R. Gulati etc. Strategic Networks [J]. Strategic Management Journal，2000，vol（21）.

[139] 孙成章. 现代企业生态概论 [M]. 经济管理出版社，1995.09。

[140] 王子平等. 企业生命论 [M]. 红旗出版社，1996~05。

[141] 王玉. 企业进化的战略研究 [M]. 上海财经大学出版社，1997~10。

[142] 王兴元. 名牌生态系统初探 [J]. 中外科技信息，2000：（2）。

[143] 李朝霞. 企业进化机制研究 [M]. 北京图书馆出版社，2001~09。

［144］梁嘉骅等. 企业生态与企业发展［J］. 管理科学学报, 2002: (2)。

［145］谢洪明等. 企业战略的抽象群及其演化引论［J］, 来源: dobig 网站, 2002。

［146］张燚、张锐. 战略生态学: 战略理论发展的新方向［J］. 科学学研究, 2003: (1)。

［147］张燚、聂锐. 企业战略的生态透视［J］. 科学学与科学技术管理, 2003: (5)。

［148］申智, 谢江波. 战略管理理论新思维——战略生态管理［J］. 西安建筑科技大学学报 (社会科学版), 2005, 6。

［149］张锐. 战略生态管理: 内涵、实质及主要内容［J］. 云南财贸学院学报, 2005, 2。

［150］谢洪明, 刘跃所. 战略网络、战略生态与企业的战略行为［J］. 科学管理研究, 2005, 2。

［151］高丽, 潘若愚. 战略生态系统的复杂性探讨［J］. 科技进步与对策, 2009, 3。

［152］丁青, 吴秋明. 企业战略生态系统及其策略支撑体系［J］. 系统科学学报, 2010, 10。

［153］李玉琼. 企业生态系统竞争共生战略模型［J］. 系统工程, 2011, 6。

［154］尚玉昌. 行为生态学新进展［J］. 生态学进展 1989, 6 (1): 1～6。

［155］尚玉昌. 行为生态学, 现代生态学透视 (马世骏主编)［M］. 北京: 科学出版社, 1990。

［156］尚玉昌. 经济学思想和方法在行为生态学中的应用［J］. 应用生态学报 1991, 2 (4): 367～372。

［157］达尔文. 人类和动物的表情［M］周邦立译. 北京大学出版社, 2009。

［158］钱辉. 生态位、因子互动与企业演化［M］. 浙江大学出版社, 2008。

［159］Baum, Joel A. C. and Jitendra V. Singh. Organizational Niche and the Dynamics of Organizational founding［J］. Organization Science, Vol. 5, No. 4, 11. 1994.

［160］Baum, Joel A. C. and Jitendra V. Singh. Organizational Niche and the Dynamics of Organizational mortality［J］. American Journal of Sociology, 100: 346～380. 1994.

［161］Burgelman, Robert A. intraorganizational Ecology of Strategy Making and Organizational Adaptation: Theory and Field Research［J］. Organization Science. 1991 Vol. 2, No. 3, August.

［162］项保华. 战略管理——艺术与实务［M］. 北京: 华夏出版社, 2003。

［163］Hannan, M. T., Glenn R. Carroll. The Organizational Niche［J］. Sociological Theory. 2003 Dec, Vol. 21 Issue 4, P309, 32P.

［164］约瑟夫·熊彼特. 经济发展理论［M］. 何畏, 易家详等译. 北京: 商务印书馆, 1999: 72～75, 103～104。

［165］Geoffrey M. Hodgson. 全球经济危机的"女王难题". 中国经济 2009, 9, 17。

［166］保罗. 克鲁格曼. 经济学家们怎么如此离谱？［J］. 经济学动态 2010, 10。

［167］余力. 一次并不特别的评奖. http：//www. infzm. com/content/35880 2009 – 10 – 14 19：21：00。

［168］（英）爱德华. 德波诺. 横向思维法：冲破逻辑思维的束缚［M］. 北京三联书店, 1991。

［169］彼得. 德鲁克. 创新与创业精神［M］. 上海人民出版社. 2002。

［170］Freeman, c. The Economics of Industrial Innovation. Baltimore：Penguin. 1974.

［171］Rothwell. R. Towards the 6flh—genPrdti0n innovation process, International Marketing Review. London, Vo111 No. 1. （2000）.

［172］何强. 基于生态视角的企业创新行为模式研究［J］. 科技管理研究. 2010, 1。

［173］刘春雄. 弱势营销：战略隐藏于战术之中. 销售与市场. 2011 年 04 月。

［174］（美）里斯·特劳特. 营销革命［M］（Bottom – Up Marketing）. 中国财经出版社. 2002, 1。

［175］爱德华·德·波诺. 超级思考帽［M］. 人民邮电出版社. 2006。

［176］Casey, J. P. High Fructose Com – Syrup – a Case History of innovation. Research Management. Sep. 1976, 27 ~ 33.

［177］Christian Rammel. Sustainable development and innovations：lessons from the Red Queen［J］. International Journal of Sustainable Development, 2003, （10）：195 ~ 196.

［178］Clark, J. and K. GuyInnovation and Competitiveness. Technology Analysis& Strategic Management. （1998）, 10 （3）. 363 ~ 395.

［179］Casey, J. P. High Fructose Corn Syrup – a Case History of innovation. Research Management. Sep, 1976. 27 ~ 33.

［180］张维迎. 博弈论与信息经济学［M］. 上海人民出版社. 1996, 13 ~ 15。

［181］Maynard Smith, J. Models in Ecology［M］. Cambridge University Press, 1974.

［182］蒋学玮. 浅议进化稳定策略 ESS. 生物学通报. 2005 年 40 卷 04 期。

［183］Parker, G. A. Phenotype – limited evolutionarily stable strategies. Current Problems in Sociobiology［M］. Camberidge University Press, 1982. 173 ~ 201.

［184］Hammerstein, P. &Parker, G. A. The asymmetric war of attrition［J］. Theor. Biol. 1982, 96：647 ~ 682.

［185］Barnett, W. P. and Robert A. Burgelman. Evolutionary perspectives on strategy［J］. Strategic Management Journal. 1996, vol. 17, 5 ~ 19.

［186］Barnett, William P and Olav Sorenson. The red queen in organizational creation and development［J］. Industrial & Corporate Change. Apr. 2002Vol. 11 Issue 2, 289 ~ 326.

［187］ （韩国）W. 钱·金（W. Chan Kim）， （美国）勒妮·莫博涅（Renee Mauborgne）. 蓝海战略［M］. 商务印书馆，2005，11。

［188］ 钱辉. 生态位、因子互动与企业演化［D］. 杭州：浙江大学，2004。

［189］ 邢以群，吴征. 从企业生态位看技术变迁对企业发展的影响［J］. 科学学研究，2005，23（4）：495～499。

［190］ 颜爱民. 企业生态位评价模型构建及实证研究［2008－06－02］http：// www. paper. edu. cn。

［191］ Baum Joel A C, Jitendra V Singh. Organizational niche and the dynamics of organizational founding［J］. Organization science，1994.

［192］ Fereman, John and M. T. Hannan. Niche Width And The Dynamics Of Organizational populations［J］. American Journal of sociology. 1983，88：16～45.

［193］ Stuart Toby E. and Joel M. Podolny. Local Search And The Evolution of Technological Capabilities［J］. Strategic Management Journal，Vol. 17，21～38.

［194］ Teece, David J. , Gary Pisano and Amy Shuen. Dynamic capabilities and strategic management. Strategic Management Journal. Aug1997，Vol. 18，25，509.

附录1

四大综合门户网站产品明细

◆Tencent 产品整理（根据公司网站产品与业务介绍整理）

（1）即时通讯业务

1）QQ

2）企业 QQ

3）TM

4）RTX

5）TT 浏览器

6）QQ 医生

7）QQ 邮箱

8）Foxmail

9）QQ 影音

10）QQ 拼音

11）QQ 旋风

12）QQ 软件管理

（2）网络媒体

13）腾讯网

14）搜搜

（3）无线互联网增值业务

15）手机腾讯网

16）手机 QQ

17）超级 QQ

18）手机游戏

19）手机 QQ 音乐

（4）互动娱乐业务

20）寻仙

21）地下城与勇士

22）QQ 华夏

23）英雄岛

24）大明龙权

25）QQ 仙侠传

26）幻想世界

27）穿越火线

28）AVA

29）QQ 三国

30）QQ 自由幻想

31）QQ 西游

32）QQ 封神记

33）QQ 炫舞

34）QQ 飞车

35）QQ 堂

36）QQ 音速

37）QQ 仙境

38）QQ 游戏

39）QQ 宠物

40）丝路英雄

（5）互联网增值业务

41）QQ 空间

42）QQ 会员

43）QQ 秀

44）QQ 音乐

45）QQLive

46）校友

47）城市达人

（6）电子商务

48）拍拍网

49）财付通

◆SINA 产品整理（根据公司网站产品与业务介绍整理）

（1）新浪网

1）新闻中心

2）体育频道

3）汽车频道

4）财经频道

5）娱乐频道

6）女性频道

7）新浪尚品

8）科技频道

9）新浪数码

10）新浪百事通

11）新浪收藏

12）新浪宽频

13）新浪音乐

14）新浪 WAP

（2）微博

15）微博

（3）新浪无线

16）新浪短信

17）新浪彩信

18）新浪 IVR

19）新浪 WAP

20）新浪回铃音

21）新浪百宝箱

（4）其他业务

22）新浪游戏

23）新浪读书

24）新浪企业服务

25）新浪电子商务

26）其他产品

27）新浪博客

28）新浪相册

29）新浪邮箱

30）新浪 UC

31）新浪爱问搜索

32）新浪招贴栏

33）新浪论坛

34）新浪圈子

◆NTES 产品整理（根据公司网站产品与业务介绍整理）

（1）在线游戏

1）大话西游 Online Ⅱ

2）梦幻西游 Online

3）大唐豪侠

4）泡泡游戏休闲平台

5）天下Ⅱ

（2）无线增值服务

6）新闻和资讯订阅服务 & 新闻订制

7）互动社区服务

8）互联网相关服务

9）下载服务

10）彩信、WAP 及其他新兴无线互联网增值业务

（3）门户网站

网易网站为互联网用户提供以内容、社区和电子商务服务为核心的中文在线服务．

●内容

11）新闻频道

12）财经频道

13）科技频道

14）体育频道

15）汽车频道

16）手机频道

17）娱乐频道

18）女人频道

19）数码频道

社区——网易网站也提供一系列的免费和收费社区服务，其中包括：

20）校友录

21）聊天室

22）分类广告

23）俱乐部

24）社区论坛

25）电子贺卡

26）电子邮箱

27）即时通信服务

28）招聘

29）交友

30）个人广告

31）个人主页

（4）电子商务与其它

32）网上商城

33）网站目录

34）搜索引擎服务

35）分类广告

◆SOHU 产品整理（根据公司网站产品与业务介绍整理）

（1）搜狐

1）新闻中心

2）联动娱乐市场

3）跨界经营的娱乐中心

4）体育中心

5）时尚文化中心

6）汽车频道

7）房产频道

8）财经频道

9）IT 频道

（2）搜狐畅游

10）天龙八部

11）刀剑英雄

12）大话水浒

13）中华英雄

14）古域

15）剑仙

16）鹿鼎记

（3）搜狗

17）搜索输入法

18）搜狗高速浏览器

19）搜狗搜索

（4）搜狐焦点

20）资讯平台

21）购房中心

22）业主论坛

23）装修家居

24）新盘路演

25）购房大学

26）研究中心

27）爱家联盟

（5）17173

28）游戏专区

29）游戏新闻资讯

30）网络游戏论坛

（6）chinaren

31) 校友录

32) ChinaRen 社区

(7) 图行天下

33) 地图网站

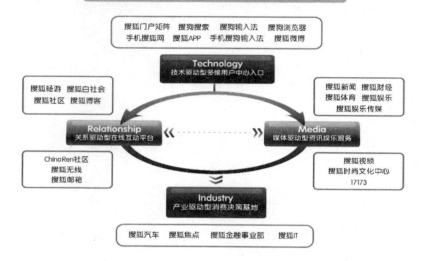

附录2

数据包络分析程序与 DEA 结果

根据所需要求编写 DEA 分析指导程序如下：

portal. dta   DATA FILE NAME

portal. out   OUTPUT FILE NAME

4   NUMBER OF FIRMS

1   NUMBER OF TIME PERIODS

3   NUMBER OF OUTPUTS

3   NUMBER OF INPUTS

0   0 = INPUT AND 1 = OUTPUT ORIENTATED

1   0 = CRS AND 1 = VRS

0   0 = DEA（MULTI – STAGE），1 = COST – DEA，2 = MALMQUIST – DEA，3 = DEA（1 – STAGE），4 = DEA（2 – STAGE）

DEA 程序运行并形成数据处理结果文件 portal. out

Results from DEAP Version 2. 1

Instruction file = portal. ins

Data file   = portal. dta

Input orientated DEA

Scale assumption：VRS

Slacks calculated using multi – stage method

EFFICIENCY SUMMARY：

firm crste vrste scale

1 1. 000   1. 000   1. 000   –

2 1. 000   1. 000   1. 000   –

3 1. 000   1. 000   1. 000   –

4 0. 541　1. 000　0. 541 irs

mean 0. 885　1. 000　0. 885

Note: crste = technical efficiency from CRS DEA

vrste = technical efficiency from VRS DEA

scale = scale efficiency = crste/vrste

Note also that all subsequent tables refer to VRS results

SUMMARY OF OUTPUT SLACKS:

firm output:	1	2	3
1	0. 000	0. 000	0. 000
2	0. 000	0. 000	0. 000
3	0. 000	0. 000	0. 000
4	0. 000	0. 000	0. 000
mean	0. 000	0. 000	0. 000

SUMMARY OF INPUT SLACKS:

firm input:	1	2	3
1	0. 000	0. 000	0. 000
2	0. 000	0. 000	0. 000
3	0. 000	0. 000	0. 000
4	0. 000	0. 000	0. 000
mean	0. 000	0. 000	0. 000

SUMMARY OF PEERS:

firm peers:

1	1
2	2
3	3
4	4

SUMMARY OF PEER WEIGHTS:

(in same order as above)

firm peer weights:

1	1. 000
2	1. 000

3   1.000

4   1.000

PEER COUNT SUMMARY:

(i. e. , no. times each firm is a peer for another)

firm peer count:

1   0

2   0

3   0

4   0

SUMMARY OF OUTPUT TARGETS:

firm output:	1	2	3
1	1912.000	19646031.000	7.107
2	5.000	2657272.000	4.873
3	9.000	5659789.000	2.959
4	4.000	4044328.000	2.011

SUMMARY OF INPUT TARGETS:

firm input:	1	2	3
1	6700.000	1420000.000	49.000
2	2500.000	224717.000	33.000
3	4563.000	317929.000	35.000
4	5167.000	498960.000	33.000

FIRM BY FIRM RESULTS:

Results for firm: 1

Technical efficiency = 1.000

Scale efficiency   = 1.000 (crs)

PROJECTION SUMMARY:

variable		original value	radial movement	slack movement	projected value
output	1	1912.000	0.000	0.000	1912.000
output	2	19646031.000	0.000	0.000	19646031.000
output	3	7.107	0.000	0.000	7.107

| input | 1 | 6700. 000 | 0. 000 | 0. 000 | 6700. 000 |

input 1 6700. 000 0. 000 0. 000 6700. 000

input 2 1420000. 000 0. 000 0. 000 1420000. 000

input 3 49. 000 0. 000 0. 000 49. 000

LISTING OF PEERS：

peer lambda weight

1 1. 000

Results for firm：　2

Technical efficiency ＝1. 000

Scale efficiency ＝1. 000（crs）

PROJECTION SUMMARY：

variable value	original movement	radial movement	slack	projected value
output 1	5. 000	0. 000	0. 000	5. 000
output 2	2657272. 000	0. 000	0. 000	2657272. 000
output 3	4. 873	0. 000	0. 000	4. 873
input 1	2500. 000	0. 000	0. 000	2500. 000
input 2	224717. 000	0. 000	0. 000	224717. 000
input 3	33. 000	0. 000	0. 000	33. 000

LISTING OF PEERS：

peer lambda weight

2 1. 000

Results for firm：　3

Technical efficiency ＝ 1. 000

Scale efficiency ＝ 1. 000（crs）

PROJECTION SUMMARY：

variable value	original movement	radial movement	slack	projected value
output 1	9. 000	0. 000	0. 000	9. 000
output 2	5659789. 000	0. 000	0. 000	5659789. 000
output 3	2. 959	0. 000	0. 000	2. 959
input 1	4563. 000	0. 000	0. 000	4563. 000

| input | 2 | 317929. 000 | 0. 000 | 0. 000 317929. 000 |
| input | 3 | 35. 000 | 0. 000 | 0. 000 35. 000 |

LISTING OF PEERS:

peer lambda weight

3   1. 000

Results for firm: 4

Technical efficiency = 1. 000

Scale efficiency   = 0. 541（irs）

PROJECTION SUMMARY:

variable	original	radial	slack	projected
value	movement	movement	value	
output	1	4. 000	0. 000	0. 000 4. 000
output	2	4044328. 000	0. 000	0. 000 4044328. 000
output	3	2. 011	0. 000	0. 000 2. 011
input	1	5167. 000	0. 000	0. 000 5167. 000
input	2	498960. 000	0. 000	0. 000 498960. 000
input	3	33. 000	0. 000	0. 000 33. 000

LISTING OF PEERS:

peer lambda weight

后 记

"小荷才露尖尖角，早有蜻蜓立上头"，用这句诗词形容自己的研究心路历程再合适不过了。

第一，初始研究时的茫然。基于自己近10年的企业一线实践经历，感觉现有研究理论体系的"过于完美的规划以至于对实践的精彩无从解释"，但是自己的研究一时又无从下手。

第二，找到企业生态切入点的欣喜。实践的直觉告诉自己，这可能性是对现实更为生动的描述和演化解释。

第三，前人工作的积累与无奈。比自己聪明的人很多，而且这些人很早就已经比自己更聪明在实践了。

第四，没有石破天惊研究结果的苦恼与妥协。惟其难，方显得更有价值。宁可追求有些许价值的启示，也不要完美的抽象与模型。

第五，企业战略演化中没有魔法石。但是，以生态的心态去经营企业和营造产业环境，无论是对微观企业的从业经营者还是对宏观产业的规划者，都是一个应有的心态和认识。

经过这一轮的思考与认知，自己也许距离更愿意人们以"社会生态学家"相称的管理巨匠德鲁克的心理更接近了。企业如此人亦如厮，各自在相应的历史长河演化中完成自己的角色，便也完成了自己的任务与价值。如果在以上方面能对未来的演化进程有些许的贡献，则更是善莫大焉！

何强

2012 年 4 月 6 日